U0573589

高校内部审计理论与实践研究

肖　矗◎著

吉林出版集团股份有限公司
全国百佳图书出版单位

图书在版编目（CIP）数据

高校内部审计理论与实践研究 / 肖蠡著 . -- 长春：
吉林出版集团股份有限公司 , 2024.7. -- ISBN 978-7
-5731-5528-3

Ⅰ . F239.66

中国国家版本馆 CIP 数据核字第 2024579R6T 号

高校内部审计理论与实践研究
GAOXIAO NEIBU SHENJI LILUN YU SHIJIAN YANJIU

著　　者：肖　蠡
责任编辑：矫黎晗
装帧设计：沈加坤
出　　版：吉林出版集团股份有限公司
发　　行：吉林出版集团青少年书刊发行有限公司
地　　址：吉林省长春市福祉大路 5788 号
邮政编码：130118
电　　话：0431-81629808
印　　刷：北京亚吉飞数码科技有限公司
版　　次：2025 年 3 月第 1 版
印　　次：2025 年 3 月第 1 次印刷
开　　本：710mm×1000mm　1/16
印　　张：16
字　　数：253 千字
书　　号：ISBN 978-7-5731-5528-3
定　　价：86.00 元

如发现印装质量问题，影响阅读，请与印刷厂联系调换。电话：010-82540188

前　言

　　随着高校管理体制改革的深入推进,我国各高校无论在经济规模上还是在基础设施上都有了突飞猛进的发展,从而导致高校资金运转情况变得越来越复杂。内部审计作为一种重要的管理手段和监督机制,在高校组织中扮演着越来越重要的角色,其不仅关乎高校经济运行的规范性和高效性,也直接关系到高校的声誉和整体发展。因此,如何让高校内部审计部门积极促进高校发展,提高其工作效率,发挥好监督评价的职能,成为我国高校内部审计工作所面临的一个现实问题。为了更好地推动高校内部审计工作,提高高校内部审计水平,笔者撰写了本书。

　　本书共八章内容,全面介绍了高校内部审计的理论框架和实践。第一章从内部审计的定义与发展历程、内部审计原则与目标、内部审计职责与作用、内部审计规范与方法以及高校内部审计理论框架这五个方面系统阐述了内部审计的理论基础和框架。第二章至第六章从概述、程序与内容、评价与实践等方面探讨了高校内部控制审计与评价、高校预算执行与财务收支审计、高校经济责任审计、高校绩效审计、高校工程审计。第七章对高校内部审计管理进行了讨论,包括内部审计质量管理、风险管理以及高校内部审计管理实践。第八章则分析了高校内部审计监督,包括内部审计监督概述、控制系统以及高校内部审计监督实践。

　　综合来看,本书在理论探讨与实践发展的结合上下足功大,注重系统性和实用性。

　　首先,对内部审计的定义、发展历程、原则与目标、职责与作用以及规范与方法进行了全面深入的阐述,为读者提供了内部审计理论框架的完整概念。

　　其次,本书具有全面性,涵盖了内部控制审计与评价、预算执行与财务收支审计、经济责任审计、绩效审计、工程审计等多个领域,将内部审计理论与实际结合起来,让读者可以从不同角度全面了解和掌握高校内部审计工作的各个方面。另外,本书还突出了内部审计管理和监督,对内部审计质量管理、风险管理以及监督控制系统进行了细致的剖析,为高校内部审计管理者提供了实践指导和经验分享。

真诚希望本书能够为高校内部审计工作者、管理者、研究人员提供借鉴与参考,帮助他们更好地理解内部审计的精髓和要点,掌握高校内部审计的先进理论和方法,提升内部审计工作的科学性和专业性。同时,也期待本书的出版能够促进高校内部审计理论与实践的深度融合,为高校治理和内部审计工作的不断完善与提升提供有益的思路和路径。

本书在写作过程中参考和借鉴了很多相关的著作和论文,在此向相关作者表示衷心的感谢!由于时间仓促,加之其他方面的一些影响因素,书中难免存在一些疏漏与不妥之处,还请广大读者不吝指正,以便本书日后的修改与完善。

作　者
2023 年 12 月

目　录

第一章

内部审计理论框架

第一节　内部审计定义与发展

一、内部审计的定义

国际内部审计师协会对内部审计的定义如下："内部审计是一项独立、客观的咨询活动,用于改善机构的运作并增加其价值。通过引入一种系统的、有条理的方法去评价和改善风险管理、控制和公司治理流程的有效性,内部审计可以帮助一个机构实现其目标。"

根据国际内部审计师协会的定义以及中国相关法规我们可知,在中国,内部审计是由被审计单位内部机构或人员开展的一种评价活动,目的主要在于评价和提升内部控制的有效性、财务信息的真实性和完整性,以及经营活动的效率和效果。内部审计通过独立、客观的咨询活动,致力于改善机构的运作并增加其价值,引入一种系统的、有条理的方法去评价和改善风险管理、控制和公司治理流程的有效性,帮助一个机构实现其目标。

需要注意的是,内部审计作为一种评价活动,与政府审计、注册会计师审计并列为三种审计类型,在中国的法律法规中得到明确规定。因此,内部审计在中国不仅关注于风险管理、控制和公司治理,还对财务信息的真实性和完整性进行评价,并着重考虑了内部控制的有效性、经营活动的效率和效果等方面的工作。

二、内部审计的发展历程

内部审计作为一种重要的管理工具,在不同历史时期扮演着不同的角色。其发展历程始于古代贸易活动,随着时间的推移,内部审计逐渐与组织治理、风险管理等现代管理理念相结合,成为推动相关组织持续发展和价值创造的关键环节。

（一）西方内部审计的产生与发展

西方内部审计的产生与发展经历了漫长的历史过程。最初的内部审计可以追溯到古代和中世纪时期，当时的内部审计主要是在庄园、寺院、城市、银行等组织内部兴起，为这些机构的所有者提供监督服务，并辅助其管理活动。在现代内部审计兴起之前，欧洲的商业、政治和社会结构发生了重大变化，这对内部审计的产生与发展起到了促进作用。

到了 19 世纪中叶，随着资本主义经济和股份公司制度的发展，企业规模不断扩大，造成了企业所有权与经营权相分离，形成了不同层次的受托责任管理中心，各自拥有独立的责任、权力和利益，并因此产生了不同的经营目标。由于企业所有者和最高管理当局无法有效监督这些管理中心，同时依靠财务等部门也存在局限性，因此有必要设立独立的审计部门或聘请专业审计人员，对各受托责任管理中心的经营行为进行监督，以确保准确、完整、及时地向最高管理当局报告企业经营信息。

在 20 世纪，特别是 20 年代以后，西方资本主义国家的股份公司得到了进一步发展，企业规模和组织结构迅速扩大，跨国公司数量和规模也急剧增加。然而，这种快速扩张也伴随着一系列问题的出现，资产不清、损失浪费甚至盗用公款，以及会计文书混乱等问题日益突出。同时，面对竞争激烈的市场，企业对投资方向、产品质量、成本等方面的要求也日益提高。企业最高决策机构意识到，为了有效管理，必须加强内部控制。要实现内部控制的强化，需要设立一个部门来进行检查和评价。由于公共会计师不熟悉企业内部管理，并且出于商业信息保密的需要，他们的审计成果往往无法满足企业最高管理当局的需求，同时审计费用高昂且有时间限制，使内部审计成为管理当局亟须解决的问题。到了 20 世纪 40 年代，美国北美公司内部审计部主任约翰·B. 舍斯顿等一批具有远见的内部审计师组成了内部审计师协会，自此内部审计行业开始形成自律性组织。同时，维克多·Z. 布瑞克出版了关于内部审计的重要著作，从理论上和方法上建立了内部审计的体系。[①] 随着社会经济的发展，内部审计的作用领域不断扩展。

---

① 周茜. 浅谈中西方内部审计比较 [J]. 中国高新技术企业，2008（05）：39，46.

总体来说,内部审计的兴起和发展受到了内部委托责任的推动。正因为存在着内部委托责任,内部审计才有了产生的基础,随着内部委托责任的发展,内部审计的职能也不断得到了提升和发展。

(二)我国内部审计的发展

从1982年在宪法中明确了实行独立的审计监督制度开始,我国内部审计取得了长足的发展,形成了具有中国特色的发展轨迹。经过数十年的发展演进,内部审计在我国不断完善与壮大,其重要性和职能也日益凸显。同时,内部审计的历史演进过程也真实反映了我国企业治理和风险管理的变迁。

1. 内部审计建立起步阶段(1982—1992)

随着经济体制改革的进行,对国有资产的监督需求日益突出,维护国家财政经济秩序成为重要任务。1982年,《中华人民共和国宪法》的修订明确了实行独立的审计监督制度,为内部审计的发展奠定了法治基础。

1983年,我国正式成立了审计署,这标志着我国内部审计监督的正式开始。同时,国务院还特别转发审计署的工作请示,要求所有部门和单位建立和健全内部审计机构,并将其视为做好国家审计监督工作的基础,这表明内部审计在国家层面得到了重视和支持。

这一时期,内部审计的指导思想是增强组织活力、提高经济效益,这与整个经济体制改革的中心环节密切相关,也成为内部审计的指导思想。此外,1987年成立了中国内部审计学会,这一组织的成立加强了我国内部审计事业的学术交流及宣传,为内部审计的发展起到了积极的推动作用。

在起步发展阶段,审计署指导和监督内部审计,中国内部审计学会的成立推动了内部审计事业的发展。这一时期奠定了我国内部审计监督体系的基础,为未来内部审计的发展创造了良好条件。

2. 内部审计巩固提高阶段(1993—2002)

随着中国经济体制改革的不断深化和资本市场的建立,内部审计制度迎来了新的发展机遇。这一时期,内部审计不仅需要适应市场经济的要求,而且还要配合建立现代企业制度的要求。内部审计的主要任务围绕监督组织运行机制、提高经济效益以及保证企业领导履行经济责任展开。

1993 年拉开序幕的持续十年的经济体制改革是我国市场经济制度建设的重要里程碑。这一轮改革涉及价格、财税、金融、外贸、投资、企业、社会保险、住房、农业等多个领域,是"整体推进和重点突破相结合"的综合配套、整体性的改革。其中,1993 年准备、1994 年全面推开的税制和分税制改革作为这一轮改革的启动部分,奠定了符合市场经济基本要求的财政制度框架。在这一轮改革中,通过简化税制、统一税法、公平税负等措施,使税收更加符合市场经济的要求,提高了税收的公平性和效率。内部审计作为确保企业财务透明度和合规性的重要手段,其作用和重要性随之提升。分税制改革则明确了中央和地方政府的财政关系,理顺了财政分配关系,增强了国家的宏观调控能力,相应地,也要求各级政府加强财政资金的监管和审计,这在一定程度上推动了内部审计体系的建设和完善。这些改革对后续的财税改革和国家治理体系的发展完善产生了深远的影响。一方面,它们为后续的财税改革提供了宝贵的经验和借鉴,推动了中国财税制度的不断完善和优化。另一方面,这些改革也促进了国家治理体系的现代化,提高了政府的管理水平和效率,为国家的长治久安奠定了坚实的基础。随着改革的深入,内部审计面临着更加复杂的经济环境和更高的工作要求。这促使内部审计部门不断探索和采用新的审计技术和方法,如信息技术的应用、风险管理的引入等,以适应新的经济形势和提高审计效率。

1994 年,《中华人民共和国审计法》首次确立了内部审计的法律地位,要求各部门和单位按照国家有关规定建立和健全内部审计制度。与此同时,随着民营企业迅速发展成为国家经济的重要增长点,审计署开始在民营企业中开展内部审计工作。1995 年,审计署发布《审计署关于内部审计工作的规定》,鼓励非国有经济组织开展内部审计工作,这标志着内部审计开始成为各类组织对内部活动进行监督的重要手段。同时,中国内部审计协会也逐渐实现自主管理,形成了以国家审计为指导、以内部审计协会为行业管理组织的内部审计运行机制,为内部审计的规范化和标准化奠定了基础。

在巩固提高阶段,内部审计的法律地位得到了明确,内部审计在民营企业中得到了推广,内部审计协会的建立也为内部审计的规范化发展提供了支持,这些都是这一阶段内部审计发展的主要特点和表现。

3. 内部审计的转型发展阶段(2003年至今)

随着全球范围内一系列财务欺诈事件的爆发,对传统治理机制有效性的质疑越发强烈。国际上,美国纽交所和英国相继出台了要求公司建立内部审计部门和加强内部控制的相关规定,凸显了内部审计在公司治理中的重要作用。在中国,由于对内部控制和风险管理重要性的认识日益增强,内部审计开始受到更多关注,并与国际内部审计发展新理念相结合,引发了内部审计制度的新一轮变革。

2003年,审计署颁布了关于内部审计工作的规定,明确了内部审计的监督和评价职能。接着,2006年,沪、深证券交易所发布了内部控制指引,要求上市公司建立和健全内部控制制度,并设立专门负责监督检查的内部审计部门。

中国内部审计协会也陆续发布了一批内部审计准则和实务指南,对新时期内部审计工作进行引导,推动了公司内部审计的快速发展。2003年,为了规范内部审计工作,明确内部审计机构和人员的责任,根据《中华人民共和国审计法》《审计署关于内部审计工作的规定》及相关法律法规,中国内部审计协会发布了《内部审计基本准则》《内部审计人员职业道德规范》和十项具体准则,随后又相继发布了十九项具体准则和五个实务指南,标志着内部审计走上了制度化、规范化、正规化的行业管理的道路。2004年,中国内部审计协会又发布了第二批内部审计具体准则(第11~15号),为内部审计工作提供了具体的指导原则和工作方法。2006年,审计署修改《审计法》,新的《审计法》主要坚持了党中央对审计工作的集中统一领导,完善了党领导审计工作的运行机制。此外,还完善了审计监督职责,构建了全面覆盖的审计工作格局,将更多重要的审计内容纳入审计范围,并明确了领导干部自然资源资产离任审计的法律地位。这些修改内容旨在更好地发挥审计在维护国家经济安全、推动深化改革、促进依法治国、推进廉政建设等方面的作用。2012年,中国内部审计协会发布《内部审计质量评估机构管理暂行办法》,为内部审计质量评估机构的管理和运作提供了明确的指导和规范,有助于提升内部审计工作的质量和效率,为组织的健康发展提供有力保障。

2013年,我国对《中国内部审计准则》进行修订,首次明确了内部审计在提升公司治理水平、促进价值增值中的重要作用,意味着我国内部审计实践逐渐接近国际内部审计标准。①

中国内部审计协会于 2016 年发布了《第 2308 号内部审计具体准则——审计档案工作》,增加了"内部审计人员应当在审计项目完成后,及时收集整理相关信息和资料,做好归档工作"的规定,进一步规范和指导审计档案管理工作,更好地体现审计作业规范的完整性。

中国内部审计协会在 2019 年修订发布的《第 3101 号内部审计实务指南——审计报告》中,对原基本准则和审计报告具体准则中审计报告正文内容的顺序做了适当调整。

2023 年,中国内部审计协会组织修订了《第 1101 号——内部审计基本准则》,自 2023 年 7 月 1 日起施行,2014 年 1 月 1 日起施行的《第 1101 号——内部审计基本准则》同时废止。原基本准则共计 33 条,此次修订,修改 7 条,新增 3 条,修订后共 36 条。其中,增加数字化环境对内部审计工作影响的相关规定,充分体现当前数字化环境对内部审计理念、组织方式、技术方法以及审计管理产生的全面而深刻的影响。此外,还增加审计档案管理的规定,以及增加内部审计推动审计整改的相关条款。

如今,我国的内部审计在加强内部控制、风险管理以及提高治理水平方面发挥着重要作用。这一时期内部审计的转型发展充分体现了内部审计在适应全球化经济环境和国际审计标准的过程中所取得的成就,为中国企业的可持续发展提供了有力支持。

第二节　内部审计原则与目标

一、内部审计的原则

审计原则作为指导审计工作的基本理论是组织审计工作、处理审计事项所必须遵循的规律。这些原则适用于所有类型的审计行为,包括国家审计、社会审计和内部审计,强调审计者在自觉遵守并坚持这些原则

---

① 陈莹.内部审计的价值增值功能:作用路径及效果[M].广州:广东经济出版社,2021.

的过程中进行审计工作。审计原则涵盖了多个方面,如针对性、客观性、法制性和重点性,确保审计工作的全面性、公正性和准确性。

内部审计原则特指在内部审计过程中应遵循的法则和标准。这些原则强调内部审计的独特性和特殊性,主要体现在客观性和独立性上。客观性原则要求内部审计人员在分析、判断、审核、验证各项审计业务过程中,必须以客观事实为基础,实事求是,不主观臆断、歪曲事实。独立性原则指内部审计应当完全独立于被审计的组织,确保审计的公正性和客观性。具体来说,内部审计的原则如下所述。

(一)独立性原则

内部审计的独立性原则是指内部审计机构在履行职责时应保持独立、客观和中立的态度,不受任何干扰和影响。具体表现在以下方面:

(1)组织独立性:内部审计机构应在组织中独立设置,并直接向高级管理层或监督机构汇报,确保审计活动不受组织其他职能部门的控制和影响。

(2)职能独立性:内部审计人员应在职责范围内自主决策,并独立确定审计计划、方法和程序。他们应具备审计专业知识和技能,不受来自其他部门的压力和干预。

(3)组织地位独立性:内部审计机构的地位应足以保证其工作的独立性。他们应有权力获得访问所需的所有信息、记录和人员,以便开展全面和有效的审计工作。

(4)审计结果独立性:内部审计人员应准确、公正地记录和反映审计发现,并对其质量负责。他们应基于事实、数据和证据,提供中立的意见、建议和报告。

这些独立性原则确保内部审计机构能够独立执行其任务,为组织提供可靠、客观和有价值的审计结果,从而强化组织的风险管理和内部控制体系的有效性。同时,这也有助于维护内部审计工作的声誉和信誉。

(二)客观性原则

内部审计的客观性原则指的是内部审计人员在开展审计工作时,应当保持客观、公正的立场,不受主观因素和外部影响的干扰,对待审计对象和审计事项不偏袒、不偏向,确保审计结论具有客观性、公正性和可信度。具体来说,内部审计的客观性原则应当包括以下几个方面:

第一,独立思考。内部审计人员应当以客观的态度对待审计对象的经营活动和内部控制情况,结合事实和数据进行独立思考和判断,不受他人或其他部门的影响。

第二,公正评价。内部审计人员在审计过程中要坚持客观公正的态度,对发现的问题和存在的风险进行公正而严格的评价,不偏袒、不抬高一方,也不压低一方,确保审计结论真实可信。

第三,完整记录。内部审计人员应当实事求是地记录审计过程中的所有发现和结论,不掩盖、搪塞或歪曲事实,确保审计报告的真实性和全面性。

第四,避免利益冲突。内部审计人员在开展审计工作时应避免与审计对象存在利益上的冲突,不受任何利益的诱惑,保持专业的客观立场。

第五,透明沟通。内部审计人员在与审计对象和相关部门进行沟通和交流时,应当坦诚、透明,传递信息真实可靠,并在审核意见和结论上提出清晰、无歧义的观点。

这些客观性原则能够帮助内部审计工作更加客观、公正,提高审计结果的准确性和可信度,并确保审计工作的专业性和权威性。

(三)专业熟练性原则

内部审计的专业熟练性原则是指内部审计人员应当具备专业知识和技能,对审计工作所需的相关法律法规、审计准则、内部控制标准以及组织运营管理等方面有深入的了解和熟练掌握。这一原则主要包括以下几个方面:

第一,专业知识。内部审计人员应当具备相关的财务、会计、风险管理、内部控制等领域的专业知识,以便能够理解和评估审计对象的经营活动,并提出专业化的建议和意见。

第二,审计技能。内部审计人员需要具备审计技能,包括审计方法、取证技术、风险评估等方面的实践技能,以便高效地开展审计工作,并确保审计结果的准确性与可靠性。

第三,熟悉法规准则。内部审计人员需要熟悉相关的法律法规、审计准则和内部控制标准,确保审计工作符合法规要求,同时对组织内部控制制度的设计和运行情况进行合规性评估。

第四,行业了解。针对不同行业的组织,内部审计人员需要了解该行业特性、经营模式、市场环境等方面的知识,以便更好地理解和评估被审计对象的经营活动。

第五,持续学习。内部审计人员需要保持对审计相关领域的持续学习,关注最新的法规变化和审计实践,不断提升专业水平,适应不断变化的审计环境与需求。

通过遵循专业熟练性原则,内部审计人员可以更好地完成审计工作,提高审计的可信度和价值,为组织的风险管理和内部控制提供专业支持。

(四)职业审慎性原则

内部审计的职业审慎性原则是指内部审计人员在开展审计工作时,应当以审慎的态度对待审计对象和审计事项,不仓促、不轻率,要有明确的尺度和标准,谨慎地制订审计计划、确定审计程序、评估审计证据,并最终形成审计结论。这一原则有助于确保审计工作的全面性、准确性和可靠性。具体来说,内部审计的职业审慎性原则包括以下几个方面:

第一,审计计划与程序。在制订审计计划和确定审计程序时,内部审计人员应当慎重考虑审计的范围、重点和方法,确保覆盖面广、深入细致,并且符合审计标准和法规要求。

第二,审计证据的收集和评估。在收集审计证据并进行评估时,内部审计人员应该以审慎的态度,避免片面的或主观的判断,确保审计证据的充分性和有效性。

第三,问题识别与报告。审计人员在发现问题和异常情况时应当审慎处理,对问题进行充分的调查和核实,确保审计报告中所记载的问题具有真实性和客观性。

第四,独立判断。审计人员在形成审计结论时需要以职业审慎的态度进行独立客观的判断,不受他人影响,确保审计结论的准确性和可信度。

第五,审计报告的完整性。在最终形成审计报告时,内部审计人员需以审慎的态度编写报告内容,确保内容的完整、真实,同时提出合理的改进建议。

遵循职业审慎性原则可以帮助内部审计工作更加深入、全面地开展，防止因草率行动带来的失误和错误，确保审计结果的真实性和可靠性。

这些原则共同构成了内部审计的基础，确保审计工作的公正、客观、有效和保密。遵守这些原则有助于内部审计员更好地履行职责，帮助组织提高运营效率，降低风险，实现其目标。

二、内部审计的目标

审计目标是审计报告使用方期望通过审计实践活动达到的最终状态或理想结果，代表了人们对审计活动的主观要求。[①] 然而，审计目标的制订并非随意、主观的，而是受审计环境、审计实践活动功能以及人们对审计的理解程度等多种因素制约的。这些目标通常包括评估被审计对象的财务状况、经营成果和现金流量是否真实、合法、合规，以及揭示可能存在的错误、舞弊和违法行为。审计目标的核心在于确保财务报表的准确性和合规性，为信息使用者提供可靠的财务信息。

相比之下，内部审计目标具有特殊性和针对性。它主要关注组织内部的风险管理、控制和治理流程的有效性。内部审计的目标在于帮助组织识别潜在的风险和问题，提出改进建议，以促进组织目标的实现。此外，内部审计还致力于确保组织遵循适用的法律法规和内部规章制度，提高组织的运营效率和效果。

（一）内部审计目标的演进

内部审计的目标随着时间的推移和业务环境的变化而不断演进。

最初，内部审计的主要目标是确保组织的合规性和法律遵从性，包括审计内部控制体系，以确保符合适用的法律法规和行业标准。

随着环境的复杂化和风险的增加，内部审计开始专注于风险管理。意味着审计人员需要了解和评估各种风险，提供关于如何减轻和管理这些风险的建议。

---

① 晏金桃，武志川．教育系统内部审计工作规定与审计技术实用手册 1[M]．北京：中科多媒体电子出版社，2004.

随着市场竞争的加剧和经济全球化的发展,内部审计的目标进一步延伸到评估业务的有效性和效率。审计人员开始关注业务流程和操作的优化,以提高生产力、降低成本和改进绩效。

现代内部审计越来越重视对组织战略目标的支持。审计人员需要与高级管理层紧密合作,了解组织的战略方向,据此提供有价值的洞察和建议,以帮助实现组织目标。

在当前快速变化的商业环境中,内部审计目标进一步扩展到评估组织的创新能力和业务效能。审计人员需要关注新兴技术和数字转型对业务的影响,以及组织的创新能力和竞争优势。

随着时间的推移,内部审计目标已经从单一的财务报表审计扩展到包括内部控制评估、风险管理、合规性检查等多个方面,以满足利益相关者的多元化需求。为了更进一步适应新的审计需求和挑战,建立内部审计目标体系就迫在眉睫。

(二)现代内部审计目标体系

1. 内部审计的本质目标

内部审计的本质是通过组织内部设置的专业机构和人员,对组织的内部控制、风险管理以及治理流程进行独立和客观的评价,以提供保障和咨询服务。内部审计旨在帮助组织达到其制定的目标,改善运营效率,加强风险管理,并促进良好的组织治理。同时,内部审计还包括对组织的财务报告和遵从法规的审核,以确保其准确性和合规性。因此,内部审计的本质目标在于为组织的利益相关者提供独立的评估和建议,以确保组织运行的可持续性和健康发展。

2. 内部审计的分类目标

内部审计的本质目标是组织内部审计机构和人员对组织内部成员的受托经济责任全面有效的履行情况发表意见,以帮助他们有效地担负起他们的经济责任。受托经济责任按其内容分类可以分为行为责任和报告责任。行为责任可以分为保全责任、合规责任、管理责任等,报告责任是行为责任的连带责任,对不同行为责任及报告责任的审计构成了不同类型的审计。不同类型的审计有不同的审计目标。

（1）保全责任审计。保全责任审计是对组织中负责保全工作的人员进行的一种审计活动。保全责任审计的主要目标是审查财务和经营资料的可靠程度和完整性，以及保护资产的安全完整性。具体来说，保全责任审计的目标包括：

第一，验证财务和经营资料的真实性。审计人员会对财务报表、会计记录以及其他经营资料进行审查，以确保其真实性、可靠性和准确性。

第二，审计资产安全控制措施是否有效。审计旨在评估组织是否采取了必要的控制措施来保护资产的安全，如现金、存货、固定资产等，以防止盗窃、滥用或损坏。

第三，评估风险管理和内部控制。审计会关注组织的风险管理体系和内部控制措施，确保对潜在风险的识别、评估和应对措施都得到妥善执行。

第四，合规性审查。审计也会关注组织遵守相关法律法规的情况，确保在资产保全方面符合法律和法规的要求。

第五，改进建议。审计的目标之一是提出改进建议，帮助组织改进资产保全措施，强化内部控制和风险管理，从而提高资产保全效果。

内控审计、预算执行审计、财务收支审计、经济责任审计、绩效审计、工程审计等各种类型的审计活动都是确保组织资产保全、提高管理效率的重要手段。通过这些审计活动，组织能够更好地管理和保护其资产，也能够提高组织的整体运营效率和绩效。

（2）合规责任审计。合规责任审计是指审计人员依据法律法规和组织章程，对组织经济活动中不合规情况所进行的审计。合规责任审计的主要目标是对某一单位或个人严重违反财经法规行为进行专案审计，验证合规责任的情况。具体来说，合规责任审计的目标包括：

第一，审计合规性。评估组织或个人是否符合相关的财经法规、监管要求和内部规章制度，确保其运营活动合法、规范。

第二，违规行为调查。针对怀疑的违反财经法规的行为，进行详尽的调查和审计，以验证事实、找出根源和责任人。

第三，合规风险控制。评估组织的合规风险管理和控制机制，以及对于违规行为的预防和应对措施的有效性。

第四，合规性报告。审计还包括对组织或个人合规责任的连带责任情况进行评估，确保相关部门或个人承担应有的合规责任。

第五，合规建议。审计的目标之一是提出改进建议，指导组织改进合规性管理,加强内部监督和控制,从而提高合规性水平。

合规责任审计的目标与其他类型的审计活动相互补充,共同构成了一个全面的审计体系。通过这些审计活动,组织能够更好地识别和管理合规风险,提高合规性水平,从而保障组织的长期稳定和可持续发展。

(3)管理责任审计。管理责任审计是内部审计发展的必然结果,它是指内部审计组织采用特定的程序和方法,对内部组织或机构的业务经营活动的经济性、效率性和效果性,以及管理活动的效率性进行审查和分析,对照一定的审计依据,评价并报告业务经营活动和管理活动的现状和潜力,提出改善管理和提高效益意见的一种审计活动。管理责任审计的主要目标是对组织的财务收支、经营管理活动的效益性、内部控制的健全有效性进行审计。具体来说,管理责任审计的目标包括:

第一,内部控制审计。评估组织内部控制体系的健全性和有效性,确保其对风险管理和运营监督的有效支持。

第二,预算执行和财务收支审计。审计组织的预算的制定、执行和监控过程以及财务收支情况,验证资金使用的合法性和合理性,以确保经济资源的有效利用。

第三,效果责任审计。审计组织的经营活动和管理措施所带来的实际效果,包括经济效益、社会效益等方面,以便评价绩效和提供改进建议。经济责任审计评估管理层对企业资源的管理和使用情况,确保其履行了经济责任。这与管理责任审计中的效果责任审计目标相关,因为管理层的决策和行为直接影响经营活动和管理措施的实际效果。

第四,经营管理效益审计。评估组织的经营管理活动的效益性,包括成本控制、营运效率、资源利用等方面,以提出改进建议和优化建议。

第五,效率责任审计。关注组织在业务流程、工作方法上的效率,评估资源利用效率和整体运营效率,提出改进意见。绩效审计评价组织运营的效率和效果,包括资源的使用和目标的实现情况。与管理责任审计中的经营管理效益审计和效率责任审计目标相一致,因为绩效审计可以帮助组织识别效率低下的领域,并提出改进意见。

第六,节约责任审计。验证组织在资源使用方面是否具备节约意识、节约能力,是否履行节约行为,以及开展了何种节约行为并取得了怎样的成果。工程审计关注工程项目的规划、实施和管理,确保工程项目的质量和成本控制。与节约责任审计目标相关,因为工程项目的节约行为和成果是评估组织节约意识和能力的重要方面。

（三）内部审计目标的评价

对内部审计的目标进行评价可以为内部审计工作提供明确的方向和评价标准,确保审计活动能够有效地促进组织内部管理和运营的改进。

对内部审计目标的演进展开评价时需要着重考虑以下几个方面：

第一,审计目标的系统性和完整性。当前内部审计目标存在着随意性、混乱性的问题,部分审计目标的设立者缺乏对内部审计的本质目标和总体目标的把握,导致可能出现各类审计目标相互割裂、不相关或混乱的情况。因此,需要建立一个系统完整的内部审计目标体系,首先揭示审计的本质目标,然后由审计本质目标延伸提出分类审计目标,使其形成一个有机的整体。

第二,审计目标的适应性和灵活性。内部审计目标应当充分考虑审计所依赖的审计环境,既要借鉴国外先进经验,也要立足于中国国情,针对审计环境的变化作出适当调整。分类审计目标应该随着审计环境的变化和管理当局的要求作出调整,以保持其适应性和灵活性。

第三,促进审计功能发挥的有效性。制定明确、系统的内部审计目标体系对于促进内部审计的功能充分发挥十分重要。只有通过统一的内部审计目标体系,才能更好地引导内部审计实践活动,为各单位提供更有针对性和有效性的审计服务。

因此,对内部审计目标的评价需要考虑其体系性、适应性和有效性,以期能够为内部审计工作提供更清晰、明确的指导,从而更好地服务于各单位的管理需要。

第三节　内部审计职责与作用

内部审计职责与作用的论述有助于提升组织内部对审计活动的认识和支持,强化风险管理和内部控制,促进合规性和运营效率,支持决策制定,增强透明度和信任,应对挑战和变革,培养专业人才,并支持组织战略的实施。

一、内部审计的职责

内部审计的职责是帮助组织评估和改善风险管理、控制和治理过程,以实现组织的目标。内部审计的职责主要有以下方面:

(1)评估内部控制体系:内部审计负责评估组织的内部控制体系的设计和有效性,包括审查和测试内部控制的存在和操作,以确保风险得到适当管理和控制,涉及对业务流程、财务报表、信息技术系统等的审查和评估。

(2)风险评估:内部审计应该开展风险评估工作,识别和评估组织面临的各类风险,并提供相关的风险建议,包括业务风险、合规风险、财务风险等方面,以帮助组织做出风险管理决策。

(3)审查合规性:内部审计应审查组织是否符合适用的法律法规、政策和规章,以及组织自身制订的合规性要求,包括对组织行为的合规性、数据隐私保护、反腐败措施等方面的审查。

(4)发现和调查不当行为:内部审计应敏锐地发现和调查组织可能存在的不道德行为、欺诈行为、浪费行为等,包括财务舞弊、职权滥用、资产侵占等,也包括对举报和投诉的调查处理。

(5)提供建议和改进建议:内部审计要提供有价值的建议和改进方案,以改善组织运营、控制和治理。通过审计工作的发现和评估,向管理层提供中立客观的意见,帮助其做出决策和改进措施。

(6)监管和报告:内部审计要监督审计目标的实现情况,准备和提交审计报告,向管理层、董事会、股东或其他利益相关者传达审计结果。审计报告应包括发现的问题和提供的建议等关键信息。

二、内部审计的作用

内部审计是提升组织价值和实现目标的重要工具,探讨内部审计的作用不仅有助于提升组织的内部管理水平,还能够在外部环境中增强组织的竞争力和可持续发展能力。内部审计的作用主要体现在防护性和建设性两个方面。

（一）防护性作用

防护性作用主要表现在帮助组织识别、评估和管理潜在的风险和问题,具体分析如下:

（1）建立健全有效的内部控制:内部审计提供了合理的保证,帮助组织建立和维护健全有效的内部控制体系。通过审计的检查和评估,揭示管理和控制的缺陷,提出改进建议,防止因控制缺陷造成各种损失。

（2）预防和制止不诚信行为:内部审计揭示和制止贪污舞弊和欺诈行为的发生。通过审计审查会计记录、财务报表、业务流程等,发现异常迹象,及时采取措施阻止不诚信行为,并为建立诚信文化和道德风险管理提供保障。

（3）确保信息真实准确:内部审计保证向最高管理当局呈送的财务和业务信息是真实的、准确的、完整的。通过审计评估和验证,发现错误的信息和不准确的数据,避免因错误信息而导致决策的失误。

（4）内部审计通过检查资产管理、风险管理和资源利用情况,保证组织资产的安全和完整,发现资源的滥用、浪费,防止损失和浪费资源的现象出现。

（5）遵守法律法规和合同约定:内部审计保证组织遵守政府的法律法规和行业标准规范,有效履行合同义务。通过审计评估和追踪,确保组织方针、政策、指示和命令的执行,维护组织的社会声誉。

（二）建设性作用

内部审计的建设性作用着重于提供管理决策支持、改善业务流程和效率、促进最佳实践的采纳以及增强内部合作和协作。具体分析如下:

（1）提供改进建议:内部审计发现问题和不足后,通过提出富有建设性的意见和改进方案,帮助组织改善经营管理。这些意见涉及内部控制制度、流程优化、资源配置、绩效评估等方面,促进管理水平的提高和业务素质的提升。

（2）优化资源使用方法:内部审计推荐更经济、有效的资源使用方法,帮助管理者优化资源配置,扩大经营成果,提高经济效益。通过审计的评估发现资源使用中的浪费和缺陷,提出相应的改进措施,以最佳的方式实现组织的目标。

（3）促进业务素质提升：内部审计不仅关注实现目标的各种活动的控制，还着眼于内部成员的业务素质提升。通过审计了解业务培训、人员配备等方面的不足，提出相关建议和改进措施，促进内部成员提高业务素质，更好地履行职责，为组织目标的实现作出贡献。

（4）促进现代化管理水平提高：内部审计督促被审计单位建立符合成本效益原则的内部控制制度，对控制系统的缺陷提出改进措施。这促进了现代化管理水平的提高，使各种活动得到有效的控制，最大限度地减少管理漏洞和控制成本。

第四节　内部审计规范与方法

一、内部审计规范

内部审计规范为组织的内部审计活动提供了一个明确的框架和指导，确保审计工作能够有效地支持组织的管理和战略目标，同时保护组织免受风险和损失。通过遵循内部审计规范，组织能够提高内部审计的质量和效果，增强信任和透明度，促进持续改进和组织的成功。我国内部审计的准则框架由内部审计的基本准则、内部审计人员职业道德规范、具体准则和实务指南组成，并采用四位数编码进行编号。

（一）内部审计基本准则

为适应新时期内部审计的发展要求，进一步增强内部审计基本准则在内部审计准则体系中的统领性和指导性，更好地发挥内部审计基本准则的作用，2023年中国内部审计协会组织修订了《第1101号——内部审计基本准则》，自2023年7月1日起施行。

新的内部审计准则对内部审计的定义进行了更新和扩展。新准则在强调内部审计的监督和评价职能的基础上增加了确认与咨询的职能定位。这一变化反映了内部审计在现代组织治理和风险管理中的重要作用,不仅关注对业务活动的监督和评价,还强调对组织治理的完善和价值增加的促进。

新审计准则在审计报告方面进行了明确要求,需要对审计实质性事项进行说明,并明确阐述审计人员的责任和被审计单位的责任。这一规定有助于进一步明确审计人员的职业责任和被审计单位的监管责任,提高审计工作的透明度和公正性。

新审计准则强调了审计程序信息化的要求,并鼓励审计师采用数据分析等应用技术工具,提高审计效率和质量。这一变化适应了信息化时代的发展趋势,使审计工作能够更加高效、准确地进行。

新审计准则对内部控制评价提出了明确要求,强调对内部控制的安全性和有效性进行评估。这一规定有助于更好地评估被审计组织内部控制的状况,提高审计报告的客观性和可靠性。

在风险评估方面,新审计准则体系下的风险评估方式相较于旧体系更为直接和全面。新体系不仅关注重大错报的概率,还涉及对控制环境、风险评估过程、信息系统和沟通、控制活动以及对控制活动的监督等多个方面的综合考量。

新的内部审计准则重塑了我们的目标体系,借鉴了国际先进的审计准则和审计实践的原则和方法。我们强调控制应贯穿于所有业务活动,控制是确保目标实现的关键手段。内部审计的审计工作正是以具体的业务活动为依托,对业务活动的审查也是控制的核心环节。

此次修订的内部审计基本准则不仅有助于提升组织的治理水平,更能够促进价值的增值,帮助组织实现战略目标。

（二）内部审计具体准则

内部审计具体准则详细说明了内部审计师和审计机构在从事审计工作时的行为要求。截至 2024 年 2 月,内部审计具体准则共计 23 个,包括:

《第 2101 号内部审计具体准则——审计计划》（2013 年颁布）

《第 2102 号内部审计具体准则——审计通知书》（2013 年颁布）

《第 2103 号内部审计具体准则——审计证据》（2013 年颁布）

《第 2104 号内部审计具体准则——审计工作底稿》（2013 年颁布）

《第 2105 号内部审计具体准则——结果沟通》（2013 年颁布）

《第 2106 号内部审计具体准则——审计报告》（2013 年颁布）

《第 2107 号内部审计具体准则——后续审计》（2013 年颁布）

《第 2108 号内部审计具体准则——审计抽样》（2013 年颁布）

《第 2109 号内部审计具体准则——分析程序》（2013 年颁布）

《第 2201 号内部审计具体准则——内部控制审计》（2013 年颁布）

《第 2202 号内部审计具体准则——绩效审计》（2013 年颁布）

《第 2203 号内部审计具体准则——信息系统审计》（2013 年颁布）

《第 2204 号内部审计具体准则——对舞弊行为进行检查和报告》（2013 年颁布）

《第 2205 号内部审计具体准则——经济责任审计》（2021 年修订）

《第 2301 号内部审计具体准则——内部审计机构的管理》（2013 年颁布）

《第 2302 号内部审计具体准则——与董事会或者最高管理层的关系》（2013 年颁布）

《第 2303 号内部审计具体准则——内部审计与外部审计的协调》（2013 年颁布）

《第 2304 号内部审计具体准则——利用外部专家服务》（2013 年颁布）

《第 2305 号内部审计具体准则——人际关系》（2013 年颁布）

《第 2306 号内部审计具体准则——内部审计质量控制》（2013 年颁布）

《第 2307 号内部审计具体准则——评价外部审计工作质量》（2013 年颁布）

《第 2308 号内部审计具体准则——审计档案工作》（2016 年颁布）

《第 2309 号内部审计具体准则——内部审计业务外包管理》（2019 年颁布）

这些具体准则是根据内部审计基本准则制定的，旨在详细规定内部审计机构和人员在进行内部审计时应遵循的具体规范。这些规范涉及审计的各个方面，以确保内部审计工作的系统性、规范性和有效性。

具体准则的制定和实施有助于提升内部审计工作的质量和效率，促进内部审计与组织治理、风险管理的深度融合，为组织的稳健发展提供有力保障。同时，也有助于内部审计人员更好地理解和执行内部审计任务，提高专业素养和技能水平。

需要注意的是,内部审计具体准则可能会随着内部审计实践和理论的发展,以及组织内外部环境的变化而修订和完善。因此,内部审计机构和人员需要密切关注最新的准则动态,以确保其始终符合最新的标准和要求。

（三）内部审计实务指南

内部审计实务指南是一套详细、系统的指导文件,旨在规范内部审计师的业务行为,确保内部审计工作的质量和效率。这些指南是按照《内部审计的基本准则》和《内部审计具体准则》的要求制订的,具有权威性和可操作性。

制订内部审计实务指南的主要目的是为内部审计师和内部审计部门提供理论指导,帮助他们更好地理解和执行内部审计工作。现在施行的指南涵盖了内部审计的多个方面,包括《第3101号内部审计实务指南——审计报告》《第3201号内部审计实务指南——建设项目内部审计》《第3202号内部审计实务指南——物资采购审计》《第3203号内部审计实务指南——高校内部审计》《第3204号内部审计实务指南——经济责任审计》《第3205号内部审计实务指南——信息系统审计》,为内部审计工作提供了全面的指导建议。

此外,内部审计实务指南也为厘清审计、内部控制与经营活动的关系奠定了基础。内部审计实务指南从本质上确定了内部审计与内部控制双向互动关系——内部审计和内部控制是相互依存、相互促进的。同时,经营活动的经济性、效益性和效率性也需要通过加强内部控制来提高。

（四）职业道德规范

2013年,中国内部审计协会修订了《内部审计人员职业道德规范》,标志着我国内部审计行业在职业道德建设方面迈出了重要的一步。这次修订对原有的规范进行了补充和完善,更是对国际先进经验和做法进行了积极借鉴,体现了我国内部审计行业对职业道德的高度重视。

修订后的《内部审计人员职业道德规范》（第1201号）采用了分章表述的形式,使规范内容更加清晰、易于理解。这一规范将2003年的列举式的十一条规范扩展为七章二十七条,全面涵盖了客观性、独立性、保密和专业胜任能力四大方面。①

职业道德规范是内部审计人员必须遵循的最低要求,为内部审计师提供了行为规范化的准则。近年来,由于一些财务造假案件的曝光,内部审计师的职业道德受到了广泛关注。将职业道德规范纳入内审准则体系,不仅彰显了准则体系的完整性与逻辑性,更体现了我国审计职业道德规范的具体内容深度、可执行范围以及详细实施程度。

2013 年发布的这版职业道德规范,于 2014 年 1 月 1 日开始施行,旨在推动内部审计人员的职业道德提升,为其提供更加明确的行为指导。通过遵循职业道德规范,内部审计人员能够更好地履行职责,维护财务信息的真实性和公信力,为组织的可持续发展作出贡献。

二、内部审计的方法

内部审计的方法是确保审计活动能够有效评估组织业务活动、内部控制和风险管理的关键。这些方法使审计人员能够独立、客观地确认和评价组织的运营是否符合既定的目标和标准,并提供增加价值和改善建议。常见的审计方法有审计证据、审计抽样两种。

(一)内部审计证据及取证方法

只有采取适当的审计取证方法,收集充分适当的审计证据,才能形成客观公正的审计结论。

1. 内部审计证据

审计证据是审计过程中不可或缺的核心要素,它是审计人员在执行审计业务时,为了得出审计结论所获取的各种凭据和资料。这些证据不仅反映了被审计对象的财务状况、经营成果和内部控制情况,还是评价审计对象、确定审计意见的重要依据。

内部审计证据是对审计证据在内部审计这一特定环境下的具体化

---

① 徐佳佳.我国内部审计准则的缺失及改进路径研究[J].当代经济,2017（16）：30-31.

和深化。内部审计证据主要是指内部审计人员在实施内部审计程序过程中，通过采用各种审计技术和方法所获取的，用于证实被审计单位内部经济活动、内部控制和风险管理情况的各种信息和资料。这些信息和资料不仅有助于内部审计人员全面、客观地了解被审计单位的实际情况，更是形成内部审计结论、提出改进建议的重要基础。因此，了解内部审计证据的相关内容是保障审计质量、提升审计效果的关键所在。

（1）内部审计证据的类型

审计证据可以根据其形式和来源进行分类。下面是常见的审计证据类型：

①书面证据，包括合同、凭证、报表、备忘录、邮件、签署文件等书面记录和文件。

②实物证据，指实物、资产、库存等可以通过观察或实地检查来获取的具体物品。

③视听证据，包括视频、音频录音等通过视听媒体获取的证据。例如，会议录音、监控录像等。

④电子证据，涉及电子数据的证据，如电子文档、电子邮件、电子交易记录、数据库记录等。

⑤口头证据，由相关当事人提供的口头陈述、证词或口头解释等。

⑥环境证据，涉及被审计实体的实际环境情况的证据，如现场观察、勘察、取样分析等。

审计人员在执行内部审计时应根据不同的审计事项和审计目标，选择适当的取证方法和获取相应的审计证据。这些不同类型的审计证据有助于审计人员全面了解被审计实体的运营情况、财务状况、风险控制等方面，并从不同角度验证相关信息的准确性和合规性。同时，审计人员还需对获取的证据进行充分评估，确保证据的可靠性、有效性和适用性。

（2）内部审计证据的质量特征

内部审计证据的质量特征是评估审计证据可用性和可信度的关键标准，这些特征确保审计证据能够有效地支持审计结论和建议。内部审计证据的质量特征包括：

第一，相关性。证据应当与被审计实体相关，即与审计目标、目的和范围密切相关。相关性可以表现为证据与被审计实体的关联性、关联风险和事件的直接或间接联系等。审计人员需要收集与审计目标相关的证据,以确保审计的有效性和价值。

第二,可靠性。证据应当可信、可靠且具有合理性,能够支持审计人员得出客观、准确的结论。可靠性可以通过多种方式来衡量,如证据来源的可靠性、信息的一致性、完整性和可用性等。审计人员需要通过合适的取证方法和技术,确保所收集的证据具有高度的可靠性。

第三,充分性。证据应当足够多且足够全面,能够充分支持审计人员对被审计实体的评价和判断。充分性可以通过收集足够的、具有代表性的证据来实现。审计人员需要根据被审计实体的性质、规模和特点等因素,确定所需的证据量,以保证审计的充分性。

审计人员需要在遵循相关审计准则和规范的前提下,合理运用适当的取证方法和技术,以获取具备相关性、可靠性和充分性的审计证据。

（3）内部审计证据处理

内部审计证据处理是内部审计流程中至关重要的一环,它涉及证据的收集、整理、分析和归档等多个环节。

第一,审计人员需要通过各种途径和方法,如检查、观察、询问、外部调查等,获取与被审计事项相关的各种信息和资料。这些证据可能包括书面文件、电子数据、实物资产等,它们共同构成了审计结论的基础。

第二,审计人员需要对收集到的证据进行分类、筛选和整理,以便更好地理解和分析被审计事项。在分析过程中,审计人员需要关注证据之间的关联性、一致性和合理性,以发现可能存在的问题和风险。

第三,审计人员需要根据证据的质量和数量,对审计结论的合理性进行判断。他们需要考虑证据的可靠性、相关性和充分性,以确保审计结论的准确性和可靠性。

第四,审计人员需要将整理好的证据妥善保存,以备后续查阅或作为审计报告的附件。这有助于确保审计工作的可追溯性和可验证性,为后续的审计活动提供便利。

在处理内部审计证据时,审计人员需要遵循一定的标准和原则,如保持客观公正、确保证据的真实性和完整性等。同时,他们还需要注意保护被审计单位的机密和隐私信息,避免泄漏敏感数据。

2. 内部审计证据的取证方法

内部审计的取证方法是审计人员获取并评价与审计目标相关的审计证据的具体程序和手段。常见的内部审计证据获取方法有以下几种:

（1）审核。审计人员通过检查文件、记录、账簿和其他相关资料，来确保其准确性、完整性和合规性。

（2）观察。审计人员观察被审计实体的经营活动、内部控制操作、物理环境等，以获取直接观察到的审计证据。

（3）监盘。审计人员对被审计实体的库存、资产等进行实地盘点，并与记录进行比对，以验证其准确性和存在性。

（4）访谈。审计人员向被审计实体的管理人员、员工或其他相关方进行口头或书面访谈，以获取相关信息、解释和意见。

（5）调查。审计人员进行调查，收集和分析与审计目标相关的线索、证据和信息，以揭示潜在的违规行为、欺诈等问题。

（6）函证。审计人员向第三方独立机构、债权人、供应商等发送外部确认函，确认被审计实体与相关方的关系和交易，以获得独立第三方的证实。

（7）计算和分析。审计人员进行数学计算、比率分析、趋势分析等，对被审计实体的财务信息进行计算和分析，以评估其准确性和合理性。

这些取证方法是内部审计人员常用的手段，通过综合运用不同的方法，审计人员可以获取多样、全面的审计证据，从而达到评估被审计实体的风险、控制和运营状况，提出改进建议的目的。审计人员需要根据具体的审计目标和被审计实体的情况选择合适的取证方法，并在整个审计过程中持续评估和调整。

（二）审计抽样

1. 审计抽样的概念和方法

内部审计作为审计的一个专业领域，审计抽样方法同时适用于内部审计取证。通过合理运用抽样方法，内部审计人员可以高效、准确地获取审计证据，进而形成可靠的审计结论。审计抽样是指内部审计人员从被审查和评价的审计总体中根据一定的抽样方法和原则，随机或选择性地抽取一部分样本进行测试和评估。通过对样本的审查和验证，审计人员可以推断出总体的特征，从而作出相应的审计结论。

审计抽样的目的在于通过对一部分样本的审查，从整体上了解被审计对象的情况，评估其内部控制的有效性以及财务报表的准确性和合规性。审计抽样可以帮助内部审计人员节约时间和资源,同时在满足审计目标的前提下,提高工作效率。

审计抽样根据抽样方法的不同,可以分为统计抽样和非统计抽样两种方法。统计抽样是基于概率统计理论,通过随机抽样和数学模型来推断总体特征;非统计抽样则依赖于审计人员的专业判断和经验,根据被审计对象的特点和风险进行抽取。

审计抽样的适用性取决于多个因素,如被审计事项的数量、复杂程度、时间和资源限制以及抽样的目的和要求等。内部审计人员应根据具体情况选择合适的抽样方法,并保证抽样过程的可靠性、有效性且符合相应的审计准则和规范。

2. 制订审计抽样方案

审计抽样方案主要包括下列内容:

(1)审计总体。审计总体是指由审计对象总体的各个单位组成的整体。[1]确定抽样总体时应遵循相关性、充分性和经济性原则,以确保抽样的有效性和成本效益。

①相关性:抽样总体应与审计对象和审计目标密切相关。抽样总体必须包含为实现审计目标必须进行审计程序的被审计项目。只有当抽样总体中包含了与审计目标相关的项目,才能实现审计目标的实现。

②充分性:抽样总体在数量上应能代表审计项目的实际情况。总体的选取应充分考虑项目的重要性、数量和特征等因素,使样本能够充分反映整个审计项目的特征和情况。确保抽样总体足够完整,可以提高抽样结果的可靠性和适用性。

③经济性:在确定抽样总体时,需要平衡样本大小和资源成本之间的关系,确保抽样过程的经济性。如果总体的数量较少且项目金额较大或重要性较高,可以考虑对整个总体进行测试,节省抽样决策的成本和时间。

在确定抽样总体时,内部审计人员应综合考虑被审计项目的特点、审计目标的要求、资源限制以及抽样的可靠性和经济性等因素。合理选择抽样总体可以确保抽样结果具有代表性和可信度,并提高审计工作的效率和质量。

---

① 鲍国明,刘力云.现代内部审计 [M].北京:中国时代经济出版社,2014.

（2）抽样单位。抽样总体中的项目应具备明显的、共同的可辨识标志，以便于实施抽样方法。抽样单位可以是实物项目，如一张凭证或一个明细账户，也可以是货币单位，即将每一元的金额视为一个抽样单位。抽样单位的选择应该能够代表审计总体的各个单位，并且在抽样过程中能够被准确地识别和抽取。

（3）样本。样本是从审计总体中抽取的部分单位组成的整体。在抽样过程中，选择的样本应具有代表性，即具有与审计总体相似的特征。样本的目的是通过对样本进行审查和测试，推断总体的特征，并基于样本结果作出对总体的结论和评价。

（4）误差。审计抽样的误差是指在从样本推断总体特征时可能出现的差异或偏差。在审计抽样过程中，可能存在以下几种类型的误差：

①抽样误差：由于从总体中抽取的样本不能完全代表总体，导致样本结果与总体特征之间的差异。抽样误差的大小取决于抽样方法和样本规模的选择，以及总体特征的变异程度。较大的抽样误差可能导致对总体特征的推断不准确。

②非抽样误差：指由抽样误差之外的其他因素引起的误差。这些误差可能包括：

抽样程序误差：由于抽样过程中的操作错误、样本选择的偏差或抽样步骤的不正确而引入的误差。

测量误差：由于使用不准确的测量工具或方法、数据收集错误或数据处理错误而导致的误差。

报告误差：由于对样本结果的解释、分类或概括的错误、信息呈现不准确或误导性表达而引入的误差。

技术误差：由于使用的分析方法或统计模型的局限性，以及对总体特征理解的不准确性而引发的误差。

为了减小误差的影响，内部审计人员需要在抽样过程中采取一系列措施，如随机抽样、有效的样本选择、严格的操作程序和精确的数据处理。此外，还应注意对样本结果的正确解释和报告，以减少非抽样误差的可能性。通过合理控制误差，可以提高抽样结果的准确性和可信度，从而支持对总体特征的推断和审计结论的形成。

（5）可容忍误差。可容忍误差是内部审计人员在进行抽样时事先设定的一个可接受的误差范围或限度。

在抽样过程中，内部审计人员需要确定一个适当的可容忍误差，以判断样本结果是否符合预期且与总体相差不大。可容忍误差的大小取决于多个因素,包括审计目标、风险评估、业务重要性和对错误或偏差的容忍程度。

在控制测试中,可容忍误差通常以偏差率为指标,即偏离规定的内部控制程序的比率。例如,内部审计人员可能设定一个可容忍偏差率为5%,意味着如果抽样结果中的偏离率低于或等于5%,可以接受该内部控制程序的有效性。

在实质性测试中,可容忍误差通常以错报金额为指标,即内部审计人员设定的表明货币金额错误或失实的范围。例如,内部审计人员可能设定一个可容忍错报金额为1 000元,即如果样本中的错报金额低于或等于1 000元,可以接受该项目的准确性。

需要注意的是,较小的可容忍误差将要求更大的样本量来达到所需的置信水平和精度。较大的可容忍误差可以减少样本量,但可能降低审计结论的可靠性。

内部审计人员在制定抽样方案时需要综合考虑审计目标、风险评估和可容忍误差等因素,以确保选择合适的样本量和控制误差在可接受的范围内。

(6)预计总体误差。预计总体误差的大小对抽样方案的设计和样本量的确定具有重要影响。为了达到所需的置信水平和精度,通常需要更大的样本量。这是因为当预计总体误差较大时,为了捕捉到可能存在的较大误差,需要从整体中抽取更多的样本来进行检查和测试。

同时,预计总体误差也会对可容忍误差的设定产生影响。如果预计总体误差较小,那么可容忍误差可以设定得较小,即对误差的容忍程度可以比较严格。相反,如果预计总体误差较大,那么可容忍误差也应当相应设定较大,即对误差的容忍程度较高。

然而值得强调的是,预计总体误差不能超过可容忍误差的限度。如果预计总体误差超出了可容忍误差的范围,那么需要重新评估、调整抽样方案,并根据现实情况进行修正。

(7)可靠程度。内部审计人员可以根据审计目标、风险评估和业务重要性等因素,合理确定可靠程度的水平。可靠程度通常用百分比表示,并与样本量呈正比关系。较高的可靠程度意味着对于抽样结果的准确性和可信度要求更高,因此需要更大的样本量来进行抽样。例如,如果内部审计人员设定一个95%的可靠程度,意味着他们希望抽样结果能够在保证 95% 的情况下代表审计总体的质量特征。为了达到较高的可靠程度,通常需要较大的样本量。

在确定可靠程度的同时,还需要综合考虑其他因素,如审计目标、资源限制和时间限制等。可靠程度的选择应该与其他抽样参数(如预计总体误差和可容忍误差)相协调,并在审计目标和资源限制范围内进行合理的平衡。

(8)抽样风险和非抽样风险。抽样风险和非抽样风险是内部审计人员在抽样过程中需要考虑和评估的两种不同类型的风险。

具体来说,抽样风险又可以分为两类。一是误受风险,即样本结果显示没有重大差异或缺陷,但实际上存在重大差异或缺陷的概率。它会导致审计人员作出错误的结论,即将总体特征错误地视为无问题或健康。二是误拒风险,即样本结果显示存在重大差异或缺陷,但实际上不存在重大差异或缺陷的概率。它会导致审计人员错误地认为出现了问题,可能导致不必要的扩大审查范围或过度调查,从而增加审计成本和时间。

抽样风险的大小与样本量、信任水平(可靠程度)和预计总体误差等因素相关。通过合理选择样本量、设定适当的信任水平和预计总体误差水平,可以在控制范围内管理和减少抽样风险。

非抽样风险是指由于审计程序设计、执行不当,抽样过程中操作不规范,样本审查结果解释错误,或审计人员业务能力低下等因素引起的风险。它与抽样技术本身无关,而与审计方法、程序和审计人员的操作相关。

非抽样风险难以量化,但内部审计人员可以通过谨慎设计审计程序和方法,执行规范的抽样流程,确保样本结果的正确解释和准确性,以及对审计人员进行适当的培训和监督,来减少非抽样风险的发生。

(9)样本量。样本量是指为了能使内部审计人员对审计总体作出审计结论所抽取的样本单位的数量。影响内部审计人员确定样本量的因素主要包括:

①审计总体:审计总体的规模越大,需要抽取的样本量越大。这是因为大样本具有更高的代表性和可靠性,能够更准确地反映审计总体的质量特征。

②可容忍误差:可容忍误差的增大会导致样本量的减少。可容忍误差是内部审计人员设定的对于审计项目中存在的差异或缺陷的容忍

程度。当可容忍误差较大时,审计人员可以接受更大的抽样误差,从而减少所需的样本量。

③预计总体误差:预计总体误差的增大会导致样本量的增加。预计总体误差是审计人员在抽样过程中预估的审计总体中存在的差异或缺陷的程度。当预计总体误差较大时,审计人员需要增加样本量以确保能够捕捉到可能存在的较大误差。

④抽样风险:抽样风险的大小与样本量呈负相关关系。抽样风险包括误受风险和误拒风险。当内部审计人员希望将抽样风险控制在较低的程度时,需要增加样本量以提高抽样结果的可靠性和准确性。

⑤可靠程度:可靠程度的增加会导致样本量的增加。可靠程度是指预计抽样结果能够代表审计总体质量特征的概率或置信水平。当内部审计人员希望抽样结果具有更高的可靠性时,需要增加样本量以提高抽样结果的准确性和可信度。

适当选择样本量可以帮助内部审计人员获得准确、可靠的样本结果,支持对审计总体的推断和形成准确的审计结论。

3. 选取样本

(1)随机数表选样法。随机数表选样法是一种使用预先编制的随机数表进行样本选取的方法。通过从随机数表中选择行或列作为起始点,按照事先设定的方向顺序选择符合要求的数字,然后将对应的总体项目作为样本项目。这个过程保证了样本选择的随机性和无偏性。随机数表中的数字出现的次数大致相同,并且它们的顺序是随机的。内部审计人员根据随机数表中的随机数值,依次抽取与之对应的样本单位。这种方法能够保证样本选择的随机性和无偏性。

(2)系统选样法。系统选样法是指按照一定间隔或模式从总体中选取样本单位。例如,可以每隔一定数量或时间间隔选择一个样本单位。系统选样法具有较好的操作性,并且适用于总体顺序排列的情况。

(3)分层选样法。分层选样法是将总体按照某种特征划分为几个层次或子群,然后在各个层次上进行独立的抽样。这样可以有效地控制样本在不同层次上的代表性,提高估计的准确性。

(4)整群选样法。整群选样法是将总体分为若干个相互独立的群组,然后从这些群组中随机选择一部分群组作为样本,对所选群组内的全部个体进行检查。这种方法适用于总体具有明显群组结构的情况。

（5）任意选样法。任意选样法是在工作过程中根据内部审计人员的判断和经验，根据需要、方便或特定目的自由选择符合条件的样本。这种方法灵活性较大，但可能存在主观性和偏见。

4. 对样本执行审计测试

根据审计方案和选取的样本，内部审计人员应按照程序执行必要的审计测试。这些测试可以包括数据分析、文件和记录的审查、观察等，以获取充分、适当的审计证据。

5. 评价样本

在执行审计测试后，内部审计人员应调查和识别出所有偏差或错误的性质和原因，并对其在审计目标和其他方面可能产生的影响进行评估。

6. 根据样本评价结果推断总体特征

根据样本的评价结果，内部审计人员可以采用统计方法或其他适当的方式，推断审计总体的特征，包括根据样本误差来推断总体误差，并确定审计证据是否足以证实总体的特征。如果推断的总体误差超过可容忍误差，则需要增加样本量或执行替代审计程序。

7. 形成审计结论

基于对样本结果的评估，内部审计人员将评估总体的相关特征是否得到证实或需要修正。他们还将考虑误差的性质、产生原因以及这些误差对其他审计项目可能产生的影响等因素。最终，内部审计人员将形成审计结论，对总体是否可以接受作出判断。

第五节 高校内部审计理论框架

一、高校内部审计概述

高校内部审计是指在高等教育机构内部开展的一种独立、客观和系统的评估活动。高校内部审计产生的主要原因如下：

一是高校内部管理的需要。随着高校规模的不断扩大、管理层次的多样化和内部控制职能的强化，高校内部管理对于内部审计的需求日益增加。为了加强高校经济管理和实现管理目标，需要设立独立的内部审计机构，对各职能部门、院系等进行独立的监督、鉴证和评价，提供可靠的经济监督服务。

二是外部审计和社会压力。国家审计力量难以有效延伸到高校内部各个职能部门、二级单位的各项经济活动中。另外，来自外部审计和社会的压力要求高校建立内部审计制度，加强内部审计工作，从而填补国家审计无法覆盖的监督空白，提高高校的管理效益。

三是国家政策与法规的要求。国家对高校的财务管理和经济活动制定了相应的政策与法规。为了符合国家要求，高校需要建立内部审计机构，加强内部审计工作。这样可以确保高校财务收支的合规性，同时提供可靠的财务信息和决策依据。

四是资金压力。高校经常面临资金的压力，需要有效管理和节约资源。内部审计可通过审查和评价高校各项经济活动，发现并堵塞漏洞、优化资源配置，从而实现降低成本、提高效益的目标。

高校内部审计的基本目的是评估高校的风险管理、内部控制和治理过程，以提供决策者和利益相关方有关高校运营和有效性的可靠信息。具体而言，其基本目的包括以下几个方面：

第一，评价内部控制系统。高校内部审计的首要目的是评价高校的内部控制系统的有效性。内部控制系统是为了确保高校经济活动的真实性、合法性和效益性而建立的一系列制度、程序和措施。通过审计活动,可以评估内部控制系统的设计和执行情况,发现可能存在的弱点和风险,从而提供改进建议和加强控制的措施。

第二,发现财务风险。高校内部审计旨在及时发现高校内部的潜在财务风险。审计人员会对高校的财务收支、资产负债状况、现金流等进行审查和分析,以识别可能存在的错误、滥用、浪费或欺诈行为。通过发现和消除这些财务风险,可以保护高校的财务安全和声誉。

第三,检查经营管理弊端。高校内部审计的目的之一是检查和评估高校的经营管理活动是否存在弊端。通过审计活动,可以发现潜在的管理问题、低效的业务流程、不规范操作等,为高校提供优化管理和提高效率的建议。

第四,提供改进建议。高校内部审计的另一个重要目的是为高校提供改进建议。审计人员会根据发现的问题和风险,提出相应的改进建议和措施,帮助高校解决问题、强化内部控制、优化资源利用和提高管理效能。

二、高校内部审计发展过程

(一)高校内部审计初步建立阶段(20世纪80年代中期至90年代初)

随着审计署的成立和相关政策的出台,高校内部审计作为国家审计的辅助力量,开始在教育系统中崭露头角。

1. 高校内审制度的初步建立

1983年,我国审计署的成立标志着国家审计体系的正式确立,为内部审计工作提供了明确的指导和规范。同年,审计署发布的《关于开展审计工作几个问题的请示》强调了内部审计的重要性,为高校内部审计的开展提供了政策依据。

随后,原国家教委陆续颁布了一系列适用于高校内部审计工作的规定。1985年和1987年分别发布的《关于直属高等学校内部审计工作的暂行规定》和《关于直属高等学校实行定期审计的暂行规定》,为高校内部审计提供了具体的操作指南。1990年,原国家教委发布了第9号令——《教育系统内部审计工作规定》,这一制度对内审职责范围、工作流程以及人员配备进行了全面规范,为高校内部审计的规范化发展奠定了基础。

在这一阶段,各高校积极响应原国家教委的号召,纷纷制定或修改了学校内部审计的实施办法,确保内部审计工作的顺利开展。这些制度的出台和实施标志着高校内部审计制度的初步建立,为后续的审计工作提供了有力的制度保障。

2. 高校内审工作的初步探索

在起步阶段,高校内部审计工作主要围绕财务收支审计展开。由于当时高校的经济活动相对简单,教育经费主要依赖于国家财政拨款,因此内部审计的重点在于监督学校教育经费和办学资金的使用情况。

各高校按照原国家教委提出的"边组建,边工作""抓重点,打基础"的方针,积极开展内部审计工作。通过财务收支审计、教育经费审计、财务决算审计以及违规违纪专项审计等手段,对学校的财务活动进行真实性和合法性的检查,旨在降低高校内部财务违纪问题发生的概率,减少国家的损失。

虽然这一时期的高校内部审计工作相对简单,但它为后续审计工作的深入发展积累了宝贵的经验。

3. 高校内审机构的初步设立

随着高校内部审计工作的逐步开展,内审机构的设立也成为一项重要任务。

1985年,随着《中共中央关于教育体制改革的决定》的发布,高等教育事业迎来了快速发展的时期。在这一背景下,高校内部审计的建立提上了日程。1985年2月,教育部发出《关于转发〈国务院批转审计署关于开展审计工作几个问题的请示的通知〉和〈组建机构、开展审计工作的通知〉》,对部属各高等院校、直属企事业单位组建内审机构和审计人员的编制提出了明确的意见,要求边组建、边开展审计工作。1985年12月,原国家教委的《关于直属高等学校内部审计工作的暂行规定》,第二条明确提出:"高等学校建立审计机构,实行审计监督制度,是建立健全我国审计体系,搞好国家审计监督工作的有机组成部分。"1988年,审计署发布了《审计署关于内部审计工作的规定》,明确了内部审计的地位和作用,为高校内部审计的建立提供了制度保障。随后,一些高校开始尝试建立内部审计机构,开展内部审计工作。这些文件为高校内部审计机构的建立和人员配备提供了具体的要求和规定。

1994年8月30日,国家颁布《中华人民共和国审计法》,对我国审计监督制度的原则、审计机关和审计人员、审计机关职责、审计机关权限、审计程序、法律责任等方面的内容做了规定。《中华人民共和国审计法》的颁布,对进一步完善审计监督制度,加强对国家财政收支和与国有资产有关的财务收支的审计监督,维护国家财政经济秩序,促进廉政建设,提高经济效益,保障国民经济健康发展,起到了十分重要的作用。1994年9月8日,原国家教委下发了《关于认真学习、积极宣传〈审计法〉的通知》。各地教育部门按照通知的要求,认真学习《中华人民共和国审计法》,加深理解,提高贯彻的自觉性,同时组织开展了形式多样的宣传活动。1994年10月11日,依据《中华人民共和国审计法》的规定,为加强和巩固教育审计工作的基础,原国家教委印发了《关于进一步建立健全教育内审制度的通知》,要求各级教育主管部门、委属院校和直属企事业单位进一步加强内审机构建设和内审工作。

在这一时期,高校内部审计机构逐步建立,并配备了相应的内部审计人员。大部分部属高校以及部分省市教育部门和地方高校都建立了审计机构,并拥有专职的审计人员。这使高校内部审计开始走上科学化发展的道路,并且也符合国家上级主管部门对高校内部审计的要求。

(二)高校内部审计发展阶段(20世纪90年代初至21世纪初)

20世纪90年代之后,社会各界对高等教育事业在国家发展中的战略性地位有了更为深刻的认识。随着1993年《中国教育改革和发展纲要》的发布,高等教育事业获得了前所未有的重视与投入,教育经费数额大幅增长。在这一背景下,高校内部审计工作不再仅仅局限于完成上级分派的审计任务,而是开始更多地关注高校自身经营管理的需求,进入了快速发展的新阶段。

20世纪90年代初期,原国家教委针对高校审计工作发布了一系列规范文件,进一步细化和完善了高校内部审计的制度体系。1995年,原国家教委下发了《关于加强对教育经费审计监督的几点意见》,同时宣传推广一些省市部门、单位加强内审机构和队伍建设的经验。原国家教委于1996年4月正式印发《教育系统内部审计工作规定》,实现教育审计工作法制化、制度化、规范化,保证教育审计工作质量。这类文件的出台,为高校审计工作提供了更为明确的指导和要求。这些规章制度不仅增强了高校审计工作的法律效力,也为审计工作的深入开展提供了有力的制度保障。

同时,为了促进高校更好地贯彻执行这些规定,原国家教委还发布了多项实施办法,如1997年的《高等学校财务收支审计实施办法》《教育系统基建、修缮工程项目审计实施办法》等。这些实施办法的出台,使高校审计工作更加具体、可操作性更强,有力地推动了高校审计工作的规范化、专业化发展。

1995年,在政府机构改革中,部分省(区、市)教育行政部门撤并了审计机构,削减了审计人员。对此,原国家教委大力宣传和贯彻《中华人民共和国审计法》,提出建立健全内审制度、独立设置审计机构、配备与审计工作相适应的审计人员的要求。教育部审计局从审计署的派驻机构调整为派出机构,这一变革使国家审计机关不再直接管理教育系统内部的审计工作,高校审计机构的自主权和自我领导意识得到了显著提升。

同时,为了提升高校审计工作的专业水平和领导能力,教育部还举办了多期高校审计领导干部学习班和审计人员培训班。这些培训活动不仅提高了高校领导干部对审计工作的重视度和领导能力,也提升了审计人员的业务水平和专业能力,为高校审计工作的深入发展提供了有力的人才保障。

(三)高校内部审计的新发展阶段(21世纪初至今)

进入21世纪,我国高等教育事业迎来了前所未有的发展机遇,全国高校扩招、新建院校数量增多,高等教育逐渐从精英化转向大众化。与此同时,社会主义市场经济体制不断完善,高校所处的经济环境也日趋复杂。在这一背景下,高校内部审计工作面临着新的挑战和机遇,进入了新的发展阶段。2004年4月13日,教育部修订了《教育系统内部审计工作规定》,有力推动、规范和保障了教育系统内部审计工作的发展。

2009年7月7日,中国内部审计协会颁发的《内部审计实务指南第4号——高校内部审计》,指出高校内审应改变单一地履行监督职能的方式,同时履行审计监督和管理服务职能。新时期新阶段,审计部门不仅关注经济活动的合规性,还注重对经济活动的效益性、效率性进行评价,为高校决策提供有力支持。同时,审计部门还积极参与到高校内部控制体系的建设中,推动高校治理水平的提升。

为确保审计工作的客观性和公正性,越来越多的高校开始设立独立的内审机构。这些机构独立于其他行政部门,直接向学校管理层负责,保证了审计工作的独立性和权威性。同时,高校还加大了对审计人员的配备力度,提高了审计工作的专业性和效率性。

三、高校内部审计的职能

高校在运营、管理和财务方面有着独特的需求和特点。高校作为教育机构,其资金来源和使用受到严格监管,同时其内部经济活动也相对复杂。因此,内部审计在保障高校资金安全、提高管理效率、推动事业发展等方面发挥着不可替代的作用。高校内部审计的职能体现了其在经济监督、经济评价、经济鉴证和审计咨询等方面的独特作用。这些职能确保了高校作为事业单位在运营、管理和财务方面的规范性和效率性,为高校事业的稳健发展提供了有力保障。

（一）经济监督

高校内部审计的经济监督职能主要包括以下几个方面:

监督财政收支:内部审计可以监督高校财政收支的合规性和合法性,确保资金的使用符合国家法律法规和政策要求。审计人员对高校预算执行、财务报告等进行审查,发现潜在的财政违规行为,并提出改进建议。

鉴证财务真实性:内部审计可以对高校的财务报表和账目进行鉴证,确保财务数据的真实性、完整性和准确性。审计人员会审核高校的会计记录、交易凭证等,确认财务信息的合规性和准确性,防止虚假报告和不当财务操作。

评价经济活动效益:内部审计通过评价高校的经济活动,可以监督经济效益的实现情况。审计人员会评估高校各项经济活动的效果和目标达成情况,提供对经营管理的评价和建议,推动高校优化资源配置和提高效益。

发现风险和弊端：内部审计可以发现高校经济活动中存在的潜在风险和经营管理弊端。审计人员会检查高校内部控制制度、业务流程等，识别可能存在的风险并提出改进措施，确保高校财务安全和运营效率。

提供决策支持和改进建议：内部审计作为经济监督主体，为高层决策提供支持和建议。审计人员根据评价结果和发现的问题，提供具有可操作性的决策支持和改进建议，帮助高校改进管理、提高效率，并且加强内部控制和风险管理。

（二）经济评价

高校内部审计的经济评价职能主要包括以下几个方面：

评估风险管理：高校内部审计通过评估风险管理措施的有效性，帮助高校确定和应对可能的风险。审计人员会审查高校的风险管理政策和程序，评估其对风险的识别、评估、应对和监控能力，为高校提供改进风险管理的建议。

评估内部控制：高校内部审计会评估高校的内部控制体系，包括财务、运营、合规等方面的控制，以确保风险得到适当管理和控制。审计人员会对内部控制制度进行审查，评估其设计和执行情况，发现潜在的弱点和风险，并提供改进建议。

评价治理过程：高校内部审计评价高校的治理过程，包括决策制定、权责清晰、信息披露等方面。审计人员会审查高校的决策机构、制度和流程，评估其有效性，发现治理问题并提出改进意见，促进高校的良好治理。

提供经济评价信息：高校内部审计通过对高校的经济活动进行评价，为组织内部管理者提供真实、客观的评价信息。审计人员会评估高校的财务状况、资产利用效率、收支合规性等，揭示组织内部管理的现状，为管理者提供改善管理、制定决策的依据。

通过这些经济评价职能，高校内部审计能够帮助高校实现经济目标，改进风险管理和内部控制，提高治理水平，提供真实、客观的评价信息，为高校的管理者决策提供支持。

（三）经济鉴证

高校内部审计在经济鉴证方面的职能主要表现在以下方面：

检查和验证：高校内部审计通过检查和验证高校的财务收支及经济活动，确定其财务状况和经营成果的真实性、公允性和合法性。审计人员会审查高校的财务记录、凭证以及与经济活动相关的文件和资料，核实财务信息的准确性和可信度。

提供证明性材料：高校内部审计发挥经济鉴证职能，根据核查和分析的结果，出具相应的证明性材料文件。这些文件可以作为高校财务状况和经营成果真实性的证明，为组织内部管理者、上级部门和相关利益方提供可靠的依据。

相对的独立性和权威性：尽管高校内部审计在独立性和权威性方面不及国家审计和社会审计，但在高校内部仍具有相对的独立性和权威性。在一定范围内，内部审计可以独立地开展检查和验证工作，不受过多的干扰和制约。同时，在高校内部，其审计报告仍然具有一定的权威性和影响力。

接受委托：高校内部审计不仅可以依据审计局和上级部门的委托，对本单位、本部门的经济活动进行鉴证，还可以接受高校内部领导和有关部门的委托，开展与经济活动相关的工作，促进高校内部的经济活动监管和风险控制。

（四）审计咨询

高校内部审计在咨询职能方面可以发挥以下作用：

提供管理咨询：高校内部审计可以通过对高校管理体制、运营流程、决策机制等的评估，提供管理方面的咨询服务。审计人员可以分析和评估高校的管理问题，为高校的管理者提供专业建议和解决方案，帮助高校改进决策制定、优化资源配置和提高管理效能。

风险管理咨询：高校内部审计可以为高校提供风险管理方面的咨询服务。审计人员可以识别和评估高校的内部和外部风险，并提供相应的风险管理建议。他们可以分析高校的风险状况，帮助高校制定风险管理策略和措施，保障高校的经济安全和可持续发展。

内部控制咨询：高校内部审计可以提供内部控制方面的咨询服务。审计人员可以评估高校的内部控制制度和流程，发现潜在的弱点和问题，并向高校提供改善内部控制的建议。他们可以帮助高校建立有效的内部控制体系，提升风险管理水平和运营效率。

政策合规咨询：高校内部审计可以为高校提供与政策合规性相关的咨询服务。审计人员可以帮助高校了解并遵守相关的法律法规、政策要求，保证高校的经济活动的合法性和合规性。他们可以评估高校的政策合规性状况，提供合规改进建议，并指导高校进行必要的政策合规培训和宣传工作。

通过这些咨询职能，高校内部审计可以帮助高校管理者更好地理解和应对内外部环境的变化和挑战。值得注意的是，高校内部审计在咨询时需确保其独立性和客观性，并遵守相应的职业道德准则和法律法规要求。

（五）新形势下的衍生性作用

随着市场经济的不断发展与完善，高校内部审计职能衍生出以下作用[①]：

1. 防腐促廉

高校内部审计通过揭示潜在的腐败问题和不当行为，预防和治理腐败现象。审计人员可以检查高校资金使用情况，发现可能存在的贪污、挪用、滥用职权等问题，并提供相应建议和措施，促进高校领导干部遵循廉洁自律的原则。

2. 堵塞漏洞

高校内部审计通过审查高校的财务管理、采购、合同履约等方面的制度和流程，明确责任分工，规范操作程序，从根本上堵塞漏洞，防止类似违规操作和财产丢失的情况再次发生。

---

① 宋大龙．新形势下高校财务管理与审计监督 [M]．长春：吉林人民出版社，2021．

3. 防范风险

高校内部审计通过评估高校的风险状况,识别并评估潜在风险,提出相应控制措施。审计人员会对高校的内部控制体系、风险管理政策和流程进行审查,并提供具体建议,以帮助高校有效防范各类风险,确保高校的稳健发展。

4. 增值服务

除了履行基本审计职责外,高校内部审计还可以提供增值服务。审计部门可以通过深入了解高校的业务和运营情况,为高校的决策提供参谋服务,帮助高校优化资源配置、提高经济效益,实现高校的可持续发展。

5. 完善管理

高校内部审计通过发现问题,提出改进建议,促进高校的管理方式改进和制度建设完善。审计人员可以参与制度设计和管理过程,推动高校实现科学决策、规范管理和有效运营,提高高校整体管理水平。

四、高校内部审计工作的主要内容

高校内部审计工作是确保高校财务和运营活动合规、有效和透明的重要机制。随着高校教育经费的增长和办学规模的扩大,高校审计工作的内容也发生了显著变化。除了传统的财务收支审计外,经济效益审计、基建和修缮工程审计等也逐渐成为高校审计的重点内容。这些新型审计工作的开展不仅有助于高校更好地管理和使用教育经费,提高资金的使用效益,也有助于防范和减少经济活动中的舞弊行为。此外,高校审计工作还涉及了专项审计、重点建设资金审计、并校审计、合同审计等多个方面。这些工作的开展不仅反映了高校审计工作在类型上的大幅扩展,也体现了高校审计工作在深度和广度上的不断提升。本书探讨的高校内部审计的主要内容可以概括为以下方面:

第一,内部控制审计。内部控制审计目的在于评估高校内部控制体系的有效性和运行情况。它包括对高校组织结构、决策流程、风险管理、信息系统、内部监督与审核机制等方面的审查和评估,旨在发现存在的缺陷和弱点,并提出改进建议。

第二,高校预算执行与财务收支审计。主要是对高校的预算收入与支出,财务决算的合法性、真实性、完整性以及效益性进行审计监督。预算工作的执行情况关系到整个高校的正常运行和经费使用效率。通过对预算执行的审计可以有效防止资金使用不当,促使学校正确处理经济关系,达到综合财务预算平衡。

第三,高校经济责任审计。是指对高校有干部管理权限的单位主要领导干部的经济责任履行情况进行监督、评价和鉴证的行为。它以促进领导干部履职尽责、推动本单位科学发展为目标,重点检查领导干部守法、守规、守纪、尽责情况,加强对领导干部行使权力的制约和监督。

第四,高校绩效审计。由独立的审计机关或审计人员对高校的经济活动、资源利用情况以及财务收支情况进行综合的、系统的审查及分析,以评价管理现状,并提出提高管理绩效的建议,旨在促进高校改善管理,提高管理绩效。

第五,高校工程审计。针对高校建设工程项目进行的审计,主要关注工程造价管理、设计变更、隐蔽工程、材料价格确认等影响造价的主要因素。通过全程跟踪审计,促进项目各方的管理,有效预防经济风险,提高工程质量,降低建设成本。

第六,高校内部审计管理。涉及高校内部审计质量、风险、发展等方面的管理,主要关注内部审计质量方针与目标、内部审计项目的质量控制、内部审计的质量确认复核与评价、内部审计风险的含义和种类以及内部审计风险的防范措施,为高校内部审计人员提供了实用的风险管理策略。在内部审计管理的发展部分主要关注"人工智能 + 内部审计"建设的现实基础、存在的问题以及实践路径,为高校内部审计工作的未来发展提供了新的思路和方向。

第七,高校内部审计监督。内部审计监督是确保审计质量和效果的重要环节。通过明确监督内容、选择适当的监督方式、满足监督要求,并针对实践中的薄弱环节采取强化措施,可以有效提升高校内部审计监督的效能。

　　总体而言,高校内部审计的主要内容涵盖了财务、经济业务、内部控制、合规性和绩效等多个方面,目的在于评估高校内部管理和运营的有效性、合规性和绩效水平,并提出改进意见和建议。这些内容的审计工作有助于提升高校内部管理的质量和效率,确保高校资源合理利用并推动高校的可持续发展。

第二章

高校内部控制审计与评价理论与实践

第一节　内部控制审计与评价概述

一、内部控制审计与评价的定义

（一）内部控制审计的定义

内部控制审计是指对组织内部控制体系进行独立、客观和系统的评估。该审计旨在评估组织内部控制体系的设计和运行情况，以提供关于内部控制有效性的审计意见。

需要说明的是，内部控制审计并不仅仅关注组织基准日当天的内部控制情况，而是考察一个时期内内部控制的设计和运行情况。审计对象是与财务报告相关的内部控制，但在审计过程中也要关注非财务报告内部控制，如果发现重大缺陷，需要在内部控制审计报告中进行披露。

在我国，《内部控制审计指引》规定了内部控制审计的要求和程序，并强调注册会计师可以单独进行内部控制审计，也可以将其与财务报表审计整合进行。[1] 这种整合可以使审计人员综合考虑组织的内部控制有效性和财务报表的真实性，从而提供更全面准确的审计结论。

（二）内部控制评价的定义

内部控制评价是指对组织内部控制体系进行系统、全面和客观的评估，以确定其有效性、合规性和效率性的过程。

内部控制评价的含义可以从以下三个方面来加深理解[2]：

（1）明确责任主体：董事会（或类似权力机构）是建立和实施内部控制评价工作的主要责任方。内部控制评价的责任主体需明确，以确保

---

① 陈冰玉，张艳平，祝群.内部控制 [M].济南：山东大学出版社，2019.

② 王桂玲，徐文瑞.企业内部控制 [M].西安：西北工业大学出版社，2014.

评价工作的有效开展。

（2）评价内容和要求：内部控制自我评价的内容是对内部控制的有效性进行评价，包括财务报告内部控制有效性和非财务报告内部控制有效性。评价内容应具有全面性，涵盖企业及其所属单位的业务和事项，关注业务单位、重大业务事项和高风险领域。评价要求对内部控制的设计和运行进行综合评估。

（3）报告披露要求：组织在对内部控制的有效性进行自我评价后，必须按照规定的要求披露年度自我评价报告。报告应准确、全面地反映自我评价的结论和结果，以向利益相关方提供透明的信息。

从上面定义可以看出，内部控制审计与内部控制评价都关注组织内部控制系统的设计和运行情况。它们都需要对组织的各项控制活动进行详细审查，包括财务控制、运营管理、风险管理等方面。无论是审计还是评价，都需要对组织的内部控制文档进行查阅，了解控制流程，并通过实地观察、测试等手段来验证内部控制的有效性。

但是，二者也有一些不同之处。第一，内部控制审计更侧重于对内部控制系统的客观性和合规性的审查，强调审计的独立性和客观性；内部控制评价则更侧重于对内部控制制度的有效性和合理性的评估，强调评价的全面性和系统性。第二，内部控制审计通常采用审计程序和审计技术，通过收集、分析、测试等手段来验证内部控制的有效性；内部控制评价则更注重对内部控制环境的观察、调查和访谈，以及对内部控制文档的查阅和分析。第三，内部控制审计的结果通常以审计报告的形式呈现，包括审计发现、审计结论和审计建议等；内部控制评价的结果则通常以评价报告或管理建议书的形式呈现，详细列出评价发现、评价结论和改进建议等。

二、内部控制审计与评价的目标

内部控制审计与评价的目标是确保组织内部控制系统的有效性，进而保障资产和资金的安全。内部控制审计与评价的目标主要包括以下几个方面：

第一，确保内部控制的有效性。通过评估内部控制的设计和运行情况，确认其是否能够有效地防止、发现和纠正错误和舞弊，保证组织的业务活动能够有序、高效地进行。

第二,实现控制目标。控制目标通常包括财务报告的准确性、资产安全性、业务合规性、成本效益和绩效管理等方面。通过评价内部控制的有效性,可以确定组织是否能够达到这些目标,并提供改进的建议。

第三,发现风险和弱点。通过审计和评价内部控制的有效性,可以检测存在的控制缺陷、漏洞和不足之处,并提供相关建议和改进措施,以减少错误、欺诈和风险的发生。

第四,评估财务报告的准确性和可靠性。通过审计,确保财务报告中的数据准确、可靠,符合现行的会计标准和法规要求,为投资者和其他利益相关者提供真实、透明的财务信息。

第五,提供管理决策依据。内部控制审计与评价为管理层提供了有关内部控制有效性的信息。基于评价结果的报告和结论,管理层可以做出明智的决策,改进内部控制系统,提高运营效率,增强组织的风险管理能力,以及确保决策规范合规。

总体来说,内部控制审计与评价的目标都是为了完善和优化组织的内部控制体系,提高内部控制的有效性,降低风险。它们相互补充、相互促进,共同推动组织内部控制制度的不断完善和优化。同时,通过二者的有机结合,组织可以更好地识别和应对潜在风险,提高管理效率,保障组织的稳健运营和持续发展。

三、内部控制审计与评价的作用

实施内部控制审计与评价对于组织的稳定运营和可持续发展至关重要。它可以发现内部控制问题,管理风险,保障财务报告准确性,提高工作效率和资源利用,以及帮助组织遵守法规和规范要求。通过内部控制审计,组织可以有效管理风险,改进业务流程,增强内部控制的有效性和效率,进而提高组织的整体绩效和竞争力。具体来说,实施内部控制审计与评价的作用表现在以下方面:

第一,发现内部控制弱点。内部控制审计与评价可以帮助组织发现内部控制中存在的弱点、漏洞和不足之处。通过审计过程中的评估和测试,审计人员可以识别出可能导致风险和错误发生的控制缺陷,并提供有效的改进建议。

第二,风险管理和减少错误。内部控制审计与评价有助于组织有效管理风险和减少错误的发生。通过对内部控制的评估和监督,可以对潜在的风险进行识别和分析,并采取适当的控制措施以减少错误的发生。

第三,保障财务报告的准确性。内部控制审计与评价对于保障财务报告的准确性和可靠性至关重要。通过审计评价财务报告信息系统和财务报告编制过程的相关内部控制,以确保财务报告符合准则和法律规定,并提供真实、准确的财务信息。

第四,提高工作效率和资源利用。内部控制审计有助于组织提高工作效率和资源利用。通过评估内部控制的有效性和效率,可以发现并纠正工作流程中存在的低效和浪费,提高资源利用和工作效率。

第五,遵守法规和规范要求。内部控制审计能够确保组织遵守适用的法规、规范和内外部要求。审计人员通过审核与合规有关的政策、程序和实践,提供有关合规和风险管理的建议,并帮助组织遵守相关法律法规和行业规范。

内部控制审计与内部控制评价在作用上都旨在帮助组织发现内部控制存在的问题和薄弱环节,提出改进措施,以提升组织内部控制的有效性。通过内部控制审计和内部控制评价,组织可以加强内部控制建设,提高风险防范能力,确保组织稳健运营。

四、内部控制审计与评价的原则

(一)内部控制审计的原则

在实施内部控制审计时,遵循一定的原则和采用适当的方法对于确保审计工作的质量和效果至关重要。

1. 成本效益原则

内部控制审计的成本效益原则指的是在进行内部控制审计时需要综合考虑审计资源和实际需求,确保审计工作能够以最大的效益为目标。

第一,资源分配与调整。内部审计人员需要根据可用的审计资源以及实际的需求,在不同的活动和项目之间进行合理的资源分配和调整。这意味着审计人员需要合理安排时间、人力和资金等资源,以确保审计工作的有效性和高效性。

第二,工作重点设置。在内部控制审计中,审计人员应根据风险和重要性原则,设置审计的重点,即通过评估业务风险和内部控制相关性,确定需要重点审计的领域和环节。这样可以优先关注可能存在风险和薄弱环节的地方,提高审计工作的效能。

第三,稽核方法的选择。内部审计人员在进行内部控制审计时应选择适当的稽核方法和技术,以实现成本效益的最大化,包括利用数据分析工具、采用抽样和测试等方法,以提高审计的效率和准确性。

第四,审计结论与建议的价值。内部控制审计的成本效益还体现在审计结论和建议的价值上。审计人员应对审计结果进行合理评估,并提供有针对性的建议,帮助组织改进内部控制,并提高活动的效能和效率。

通过遵循内部控制审计的成本效益原则,内部审计人员能够合理利用资源、设置工作重点、选择适当的稽核方法和技术,并提供有价值的审计结论和建议,使审计工作更加高效和经济,有助于组织实现内部控制目标、管理风险以及提高业务运营的效益。

2. 内部控制审计与业务活动、财务活动审计相结合

内部控制不仅仅关乎财务报告的可靠性,还涉及组织的各项业务活动的规范性和风险管理。在实施内部控制审查时,审计人员应根据重要业务类别和业务流程的确定,对各业务所对应的内部控制进行审计和评价。同时,也需要对各业务所对应的财务活动进行审查。这样可以全面了解组织的业务运作和相关财务活动,并综合考虑业务活动与财务活动之间的内部控制衔接性。

综合审查业务活动和财务活动还有助于加强内部控制的整体效能和一致性。通过审查和评价业务活动的内部控制,可以发现和解决与业务相关的问题和风险。通过审查财务活动的内部控制,可以保证财务报告的准确性和可靠性。这种综合审查的方法有助于提高审计质量,减少重复审查,提高审计效率,并促进组织内部控制的一体化和协调性。

3. 内部控制审计与风险管理审计相结合

在实施内部控制审查时,内部审计人员应以风险为导向,通过识别

和评估各项业务活动的风险,确定关键的控制点。[①] 这意味着审计人员需要对各项业务活动中可能存在的风险进行分析和评估,并确定需要重点审查的控制机制。通过将审计资源集中在关键控制点上,可以提高审计的效率和针对性。

风险管理审查在内部控制审计中的目的是确定和评估组织面临的各类风险,包括战略风险、操作风险、合规风险等,并确定相应的控制措施。同时,审计结果应该反映在内部控制审计报告中,以供相关方参考和决策。内部控制审查与风险管理审查相结合的好处包括:

第一,提高审计效率。通过以风险为导向,将审计重点放在关键控制点上,可以避免进行冗余的审计工作,提高审计效率。

第二,强化风险管理。通过识别和评估各项业务活动的风险,可以帮助组织建立健全的风险管理措施,降低风险发生的可能性,并提前采取相应的措施。

第三,促进内部控制建设。风险管理是内部控制的基本组成部分,将风险管理和内部控制审查结合起来,有助于推动组织内部控制体系的建设和持续改进。

4. 内部控制审计与内部控制评价相结合

内部控制自我评估是指组织内部审计部门或其他相关部门根据内部控制框架和标准,对内部控制进行自主评估和改进。内部控制自我评估的目的是提供有效的反馈信息,帮助组织确定内部控制的现状,并提出改进建议。

在实施内部控制审查时,审计人员可以参考和利用内部控制自我评估方法和报告。通过对控制自我评估报告的分析和审查,审计人员可以获得内部控制自我评估的结果,了解组织对内部控制的认识和改进情况。

同时,内部控制审查中对控制自我评估的应用可以推动内部控制自我评估的实施和完善。审计人员可以在审查中与内部控制自我评估进行对话和交流,提供有针对性的建议和指导,这样可以促使组织更加重视内部控制自我评估,并根据审计发现和建议进一步改进和完善内部控制。

---

① 　陈伟光.教育内部审计规范 [M].北京：人民教育出版社，2010.

（二）内部控制评价的原则

内部控制评价应遵循以下原则：

第一，全面性原则。评价工作应覆盖组织内部控制的各个方面，包括制度设计、执行情况以及监督反馈等，以全面了解组织内部控制的状况。

第二，重要性原则。评价应关注关键业务和重要环节，突出评价重点，以便更好地发现潜在问题和风险。

第三，客观性原则。评价应基于客观事实和数据，避免主观臆断和偏见，确保评价结果的公正性和准确性。

第四，及时性原则。评价工作应定期进行，以及时反映组织内部控制的变化和效果，为管理决策提供及时、准确的信息。

无论是内部控制审计还是评价，都应遵循科学性原则，即根据组织的实际情况和特点，结合行业标准和最佳实践，采用科学的方法和手段进行审计和评价。同时，二者都应遵循公正性原则，即在整个过程中保持公正、公平的态度，不偏袒任何一方，确保审计和评价结果的公正性和公信力。在实际操作中，由于目的、方法和侧重点的不同，它们在原则的具体应用上可能存在差异。因此，在执行内部控制审计与评价时，应根据具体情况灵活应用这些原则，以确保审计与评价工作的有效性和准确性。

五、内部控制审计与评价的方法

（一）内部控制审计的方法

常用的内部控制审计方法如下：

第一，询问相关人员。通过与内部控制相关的人员进行沟通和交流，以了解其对内部控制的理解、实施情况和有效性等方面的意见和信息。询问相关人员是了解内部控制的重要途径之一，能够获取直接的口头信息。

第二，检查有关文件和记录。审阅和检查与内部控制相关的文件、报告和记录，如政策文件、程序手册、会计凭证、审批文件等。通过对这些文件和记录的审查,可以获取详细的书面信息和证据,了解内部控制的设计和执行情况。

第三,观察相关经营管理活动。实地观察相关经营管理活动的执行情况,包括业务流程、操作过程、控制环境等。观察是一种直接的方法,能够获得直观的印象,感知内部控制的有效性和操作性。

第四,穿行测试。通过追踪特定的交易或操作过程在内部控制系统中的处理流程,验证内部控制的设计和执行情况。穿行测试可以帮助审计人员了解具体交易的处理路径,评估控制的有效性和运行情况。

这些方法可以单独使用,也可以综合应用,以获取全面、准确的审计证据,为内部控制的评价和改进提供依据。值得注意的是,不同的方法在不同的场景下有不同的适用性和优势,审计人员需要根据具体情况选择合适的方法,以完成审计目标并确保审计工作的有效进行。

(二)内部控制评价的方法

常用的内部控制评价的方法有以下几种:

第一,个别访谈。评价人员通过与关键岗位人员进行面对面交流,了解他们对内部控制的理解和执行情况,从而获取第一手资料。

第二,调查问卷。通过设计问卷并发放给相关人员填写,收集他们对内部控制的看法和建议,以便更全面地了解组织内部控制的状况。

第三,专题讨论。针对某一特定内部控制问题或领域,组织相关人员进行深入讨论,以发现潜在的问题和改进措施。

第四,文件审查。评价人员对组织的内部控制文档进行审查,包括制度、流程、操作手册等,以评估其完整性和准确性。

在实际操作中,内部控制审计与评价的方法并不是孤立的,而是相互补充、相互印证的。审计结果可以为评价提供客观、量化的依据,而评价结果则可以为审计提供更有针对性的方向和重点。通过综合运用这些方法,组织可以更加全面、深入地了解内部控制的实际状况,发现存在的问题和不足,进而制定有效的改进措施,提升内部控制的质量和效果。

第二节　内部控制审计与评价的程序与内容

一、内部控制审计与评价的程序

（一）制定内部控制审计与评价方案

制定内部控制审计与评价方案是进行内部控制评价的第一步,制定内部控制审计与评价方案通常按照以下程序:

（1）明确审计与评价目标。确定进行内部控制审计与评价的目标和范围,明确所要审计与评价的内部控制要素和关键流程。

（2）收集相关资料。收集与审计评价对象相关的政策、规定、制度文件以及与内部控制相关的运营数据、财务报表等资料,建立评价的依据。

（3）分析业务流程。了解审计与评价对象的主要业务流程,包括核心业务过程、风险点和风险控制措施,明确评价的重点和方向。

（4）制定审计与评价方法和指标。根据审计与评价目标和范围,制定相应的审计评价方法和指标,确保评价的准确性和有效性。

（5）制定工作计划和时间表。根据审计与评价目标,制定详细的工作计划和时间表,明确审计与评价人员、审计与评价时间、审计与评价方法等具体事项,确保审计与评价工作有条不紊地进行。

（6）组织评价实施。按照工作计划和时间表,组织审计与评价人员进行实地考察、数据收集、访谈等具体工作,评估内部控制的有效性和合规性。

（7）收集评价结果。整理评价人员的观察、调查和测试结果,形成评价报告,明确内部控制的优点、不足和改进建议。

（8）分析评价结果。根据评价报告,分析内部控制的薄弱环节和风险点,识别问题的原因和影响,为后续改进措施提供依据。

（9）提出改进建议。基于审计与评价结果和分析,提出相应的改进建议和措施,包括完善制度流程、加强培训与沟通、增加监督检查等方面的建议。

（10）落实改进措施。将改进建议纳入相关部门的工作计划中,跟踪和推动改进措施的具体实施,保障内部控制的持续改进和有效运行。

制定内部控制审计与评价方案需要综合考虑组织的特定情况、业务特点和风险要求,确保评价的全面性、客观性和有效性。

（二）组成审计组或评价小组

根据需要,组成内部审计组或评价小组,由具备相关专业知识和经验的审计人员组成,以完成审计任务。

需要注意的是,无论是审计组还是评价小组,都不能是一个第三方社会组织或同样一批人员来执行。这是因为第三方社会组织的参与可能引入外部利益冲突,影响审计或评价的客观性和公正性。同样,如果审计组和评价小组由同样一批人员组成,那么这些人员可能缺乏必要的独立性和客观性,无法对内部控制体系进行全面、深入的评估。

（三）实施现场审查确认内部控制运行的有效性

1. 评价内部控制运行的有效性

为了审计与评价内部控制的有效性,内部控制审计与评价人员需要:

第一,了解内部控制设计。评价人员应了解组织为管理或减轻已识别的重大风险而设计的各项内部控制措施,包括通过检查文件和谈话与有关管理人员和职工交流,了解各部门在处理经济业务时相互联系、相互制约的关系,也可以通过绘制业务处理流程图来了解组织各项经济业务处理的程序和相关的内部控制情况。

第二,识别内部控制失效的原因。审计与评价人员还需要了解如果内部控制失效,失效是如何发生的。通过编制问题式内部控制调查表,审计与评价人员可以对组织内部控制的完善和健全程度进行调查。调查表列出了关键控制点或主要问题,并记录"是""否"或"不适用"的结果,其中"否"表示控制缺陷。

第三,判断内部控制设计的有效性。审计与评价人员应根据风险评估程序收集的证据,判断相关控制的设计是否有效,包括判断组织是否针对风险设置了合理的细化控制目标,以及是否针对这些细化控制目标设置了对应的控制活动。

如果审计与评价人员发现与风险相关的内部控制存在重大缺陷,则需要确定这些缺陷是什么,并与管理层讨论纠正措施。如果双方就纠正措施达成一致并且管理层采取了适当的纠正措施,则可以继续进行内部控制审计与评价。如果无法与管理层达成一致意见,评价人员需要收集进一步的证据以表明风险确实存在。

2. 测试内部控制运行的有效性

在评价内部控制设计有效性之后,内部控制审计与评价人员需要进一步检查相关的内部控制是否得到遵循,并评估其遵循程度,这个过程通常被称为"控制测试"。[①] 通过这样的内部控制测试,组织可以检查内部控制的实际运行情况,识别出潜在的问题和风险,并及时采取必要的纠正措施,以保证内部控制的有效性和有效运行,从而提升组织的治理水平和风险管理能力。

（1）评价内部控制执行的有效性

内部控制审计与评价人员可以从以下几个方面获取关于控制执行有效性的证据:

第一,审计与评价人员需要了解相关控制活动是如何运行的,是否按照规定的程序和要求执行,并通过检查记录或文件来确认。

第二,审计与评价人员需要确定相关控制活动是否得到持续一致的执行,即控制活动的操作是否符合公司的制度和流程,以确保控制在日常操作中得到遵守。

第三,审计与评价人员需要确认实施相关控制活动的人员是否具备必要的权限和能力,以保证控制活动的执行有效性。

控制测试的方法主要包括以下三种:

第一,检查记录或文件。这种方法通过审查有关凭证、账簿等相关文件或记录,审计与评估内部控制执行的情况。审计与评价人员会检查这些记录或文件是否按照规定的程序和要求进行了填写,并核实是否经过适当的复核、审批等流程。这种方法适用于内部控制留有明确记录或

---

① 李荣梅.企业内部控制与风险管理[M].北京：经济管理出版社,2015.

文件的场景,如采购凭证、收据、报表等。可以验证控制活动是否按照制度执行,并核实是否经过适当的复核、审批等流程。这种方法便于获取并审查大量的文本化记录,能够提供较为直接的证据来评估内部控制的有效性。但是无法完全反映实际操作的质量,可能存在文本记录与实际操作不符的风险。

第二,重新执行。这种方法是按照经济业务全部或局部的处理过程重新执行一遍,以验证内部控制的有效性。审计与评价人员会按照规定的流程和要求重新进行经济业务处理,并对比原始处理结果,确认执行的一致性和准确性。虽然这种方法能够直接验证内部控制的操作和过程得到直接的实际结果,但是可能需要大量时间和资源进行重新执行,且某些经济业务无法完全复原,限制了此方法的适用范围。

第三,实地观察。这种方法是审计与评价人员在经济业务处理现场实地观察业务人员执行内部控制的情况。在业务人员不知情的情况下通过直接观察业务活动的进行,审计与评价人员可以判断内部控制是否得到有效执行,并识别出存在的问题或潜在的风险。但是,这种方法可能会影响被观察人员的正常工作状态,观察过程可能受到主管或其他人员的干预而产生偏差。

(2)评价证据的充分性和适当性

评价证据的充分性可以从以下方面入手:

第一,审计与评价人员需要确保收集足够数量的证据,以支持对内部控制执行有效性的评估。过少的证据可能导致评估不准确或不全面。

第二,审计与评价人员需要选择与正在评估的内部控制活动相关的证据。这些证据应能够直接关联到内部控制执行的方面,以验证其有效性。

第三,审计与评价人员应该使用不同类型的证据,以确保评估结果的可靠性。多样性的证据来源可以来自不同的信源、不同的角度和不同的数据收集方法。

评价证据的适当性可以从以下方面入手:

第一,审计与评价人员需要确保所收集的证据是可靠的,并且来源于可靠的渠道。可靠性可以通过验证数据的准确性、确认信息的来源和核实证据链来保证。

第二,审计与评价人员应该确保所使用的证据是最新的,能够反映近期内部控制执行的情况。过时或过时的证据可能无法准确反映当前的内部控制状况。

第三，审计与评价人员需要确保所使用的证据可以被验证和复核。这意味着证据应该是清晰、明确和可追踪的，以便其他人能够审查和确认结果的准确性。

（四）确认内部控制缺陷

确认内部控制缺陷是内部控制审计与评价的重要步骤之一。以下是确认内部控制缺陷的一般步骤：

（1）收集证据：根据已识别的风险和关键控制点，收集相关的证据材料，这可以包括文件、记录、报告等。

（2）评估缺陷的严重程度：根据收集到的证据，评估内部控制缺陷的严重程度。重要性取决于潜在的风险影响和可能发生的错误频率。

（3）确认缺陷的具体特征：将已识别的控制缺陷具体化，并描述其影响范围、可能的原因和潜在的后果。

（4）与管理层讨论：与相关的管理层成员讨论已确认的内部控制缺陷，解释其严重性和影响，并提出相应的改进建议。

（5）制定纠正措施：根据确认的内部控制缺陷，制定相应的纠正措施和行动计划，以弥补或缓解该缺陷的影响。

（6）跟踪和监督：确保纠正措施的有效实施，并监督其运行情况。及时跟踪控制缺陷的解决进展，并确保问题得到及时解决。

在确认内部控制缺陷的过程中，内部控制审计与评价人员需要与管理层和相关部门进行良好的沟通和合作，以确保对于缺陷的识别和解决采取有效的措施。此外，完善的记录和文件保存也是非常重要的，以备将来的参考和审查。

（五）汇总审计与评价结果

将内部控制缺陷的认定汇总，并对缺陷的成因、表现形式和影响程度进行综合分析和复核。向适当的管理层报告审计与评价结果，特别是重大缺陷应及时报告给最高决策机构。

（六）编制内部控制审计报告或内部控制评价报告

内部控制审计报告或评价报告是对组织内部控制体系进行综合评估和总结的文件，旨在提供关于内部控制的有效性、缺陷和改进措施等信息。内部控制评价报告的主要内容如下：

（1）目的和责任主体：说明内部控制审计与评价的目的和负责执行评价的责任主体。

（2）内容和标准：概述内部控制审计与评价的具体内容和所依据的相关标准。

（3）程序和方法：描述内部控制审计与评价的具体程序和采用的方法。

（4）严重偏离的衡量和定义：定义严重偏离的标准和方法，以确定是否存在严重偏离的情况。

（5）内部控制整体目标的有效性结论：审计被审计或评估被评估的内部控制整体目标的有效性，并得出相应结论。

（6）无效的整体目标和重大缺陷：如果被审计或被评估的内部控制整体目标无效，指出相关的重大缺陷以及其可能的影响。

（7）缺陷的原因和相关责任人：分析造成重大缺陷的原因，并指明相关责任人。

（8）控制缺陷和补救措施：列出在审计与评估过程中发现的所有控制缺陷，并提出相应的补救措施和实施计划。

（9）变化的披露：在审计报告或评价报告中明确说明财务报表日期之后发生的重大变化，以及这些变化可能对财务报告控制目标有效性产生的影响。

（七）改进内部控制缺陷

改进内部控制缺陷是内部控制审计与评价的一个重要目标。可以从以下方面改进内部控制缺陷：

（1）确定改进需要：根据内部控制审计报告或评价报告中确认的内部控制缺陷，确定哪些方面需要改进，以及必要的改进措施。

（2）制定改进计划：为每个确定的控制缺陷制订具体的改进计划，包括目标、时间表、责任人和所需资源。确保计划符合适用的法规和标准要求。

（3）实施改进措施：执行改进计划，并确保每项改进措施得到适当的落实。有效的沟通和协调是确保改进措施顺利实施的关键。

（4）监控改进过程：建立监控机制，以确保改进措施的有效性和持续性。可以包括定期的内部审查、自我评估或外部审核等。

（5）培训和意识提高：提供必要的培训和教育，以增强相关人员对内部控制的理解和重要性。加强员工对内部控制政策和程序的培训和意识提高。

（6）定期评估和更新：定期评估内部控制改进的效果，并根据需要及时更新相关政策、程序和流程。

（7）持续改进：内部控制是一个动态的过程，持续改进是确保内部控制的有效性的关键。定期回顾和审查内部控制体系，识别潜在的改进机会，并采取相应的行动。

改进内部控制是一个持续的过程，需要全员参与和持续关注。组织应该建立有效的反馈机制，及时跟踪整改进展，并对内部控制体系进行定期的自我评估和检讨，以确保内部控制的不断改进和提升。

二、内部控制审计与评价的内容

内部控制审计与评价的内容要结合内部控制的五大要素来进行。

（一）内部环境

对内部环境进行审计与评价时，需要从以下方面入手：

（1）组织架构审计与评价

第一，审计与评价组织的结构是否适合当前业务和战略目标。

第二，检查职责划分和权责结构是否清晰明确，避免职责交叉或责任模糊。

第三，对组织架构的变动是否得到适当的授权和批准。

（2）发展战略审计与评价

第一，审计与评估组织的发展战略是否与内部控制的目标和需求一致。

第二,确认战略目标是否合理,是否考虑了风险管理和内部控制的因素。

第三,检查战略部署和执行是否与内部控制一致,是否存在冲突。

（3）人力资源审计与评价

第一,审计与评估组织的人力资源管理制度和流程。

第二,检查员工招聘、培训和激励机制是否能够吸引、培养和留住合适的人才。

第三,确认员工在内部控制相关职责上的素质、能力和意识。

（4）组织文化审计与评价

第一,审计与评估组织的文化对内部控制的支持程度。

第二,检查是否存在积极、开放的文化,鼓励员工关注和参与内部控制工作。

第三,确认管理层是否重视内部控制,并将其纳入组织的价值观和行为准则。

（5）社会责任审计与评价

第一,审计与评估组织对社会责任的重视程度和履行情况。

第二,检查是否建立了合规和道德要求的制度和流程。

第三,确认组织是否主动加强社会责任实践,并与内部控制相关的法规和标准保持一致。

在进行内部环境审计与评价时,还应考虑组织特定的行业和业务需求。通过对内部环境的审计与评价,可以帮助组织识别潜在的问题和改进机会,并制订相应的计划和措施,提高内部控制的有效性和全面性。

（二）风险评估

内部控制审计与评价中的风险审计与评估是评估组织面临的风险和其对内部控制有效性的影响程度。以下是在进行风险审计与评估时应关注的一些指引和内容:

（1）风险识别与分类:识别和明确组织面临的各类风险,包括战略、操作、财务和合规等方面的风险。可将这些风险按优先级和类别进行分类。

（2）风险评估与分析:针对识别的风险进行详细分析,评估其可能性和影响程度。利用定性/定量的方法来评估风险的严重性。

（3）内部控制与风险关联:审计与评估内部控制对已识别风险的防

范和缓解作用。确定内部控制是否能够有效地识别、评估、监控和应对风险。

（4）风险优先级排序：根据风险的严重性和影响程度，为风险项设定优先级，确定优先应对的风险问题。

（5）检查已有控制：审计与评估组织目前已有的控制措施和策略，确定其对已识别风险的覆盖程度和有效性。发现可能存在的控制缺陷或改进机会。

（6）风险应对策略：制定相应的风险管理策略和控制措施，包括内部控制优化、风险转移、风险避免和风险应对计划等。

（7）监测和持续改进：建立风险监测和持续改进机制，定期评估和监控风险的变化和进展，并调整内部控制策略和措施。

在进行风险评估时，组织可以使用各种风险评估工具和技术，如风险矩阵、风险指标、场景分析等。这些工具和技术可根据组织的具体需要和风险特征进行调整。通过在内部控制审计与评价中进行风险评估，组织可以更好地理解和管理其面临的风险，及时采取相应的内部控制措施，并提高风险管理的效能。

（三）控制活动

审计与评价组织控制活动需要考虑以下因素：[①]

第一，控制活动的类型。不同类型的控制活动可能需要不同的审计与评价标准，例如人工控制和自动控制、预防性控制和发现性控制等，其评价重点和方法可能会有所不同。

第二，控制活动的复杂性。组织机构、市场环境、经营规模、员工素质等因素可能影响控制活动的复杂性。审计与评价人员需要考虑这些因素，并根据情况确定适用的评价标准。

第三，某些控制活动可能需要更高程度的职业判断和决策。审计与评价人员应该考虑控制活动所需的职业判断程度，并确定是否存在潜在的风险。

第四，审计与评价人员需要了解和识别控制活动所针对的风险事

---

① 池国华，朱荣.内部控制与风险管理 第2版[M].北京：中国人民大学出版社，2018.

项,并评估其重要性,有助于确定控制活动的有效性和必要性。

第五,某些控制活动可能对其他控制活动的效果和有效性有依赖关系。审计与评价人员需要分析并评估控制活动之间的相互关系和依赖程度。

在评价控制活动时,主要关注以下几个方面:

第一,是否制定了适当的控制政策和程序,确保每一项业务活动都有合理的控制措施。

第二,已确定的控制政策和程序是否得到持续、恰当的执行,包括控制活动的实施过程、执行者的责任和权限等。

第三,控制活动的有效性,即控制措施是否能够有效减轻或消除风险,并达到预期的目标。

第四,控制活动的可行性,即控制政策和程序是否符合现实情况和组织的资源限制。

第五,控制活动的持续改进,审计与评价人员应关注控制活动的改进机会,以提高其效率和效果。

综上所述,评价组织业的控制活动需要综合考虑控制类型、复杂性、职业判断程度、风险事项及其重要性以及控制活动之间的依赖程度。同时,着重关注控制政策和程序的制定和执行情况,以及控制活动的有效性和持续改进。

(四)信息与沟通

在对信息与沟通进行内部控制审计与评价时,可关注以下方面的内容:

(1)信息获取和报告:是否能有效地获取与组织经营管理相关的内部和外部信息,包括市场动态、竞争环境、客户反馈等,以向管理层及时报告组织目标的实现情况;评估信息收集、处理和报告的及时性、准确性和完整性,确保相关信息能够快速传达给有关人员。

(2)反舞弊机制:检查组织是否建立了反舞弊机制,包括举报渠道和处理程序,以预防和发现可能存在的舞弊行为;评估反舞弊机制的健全性和有效性,包括相关政策、流程和措施的完善程度,并检查其是否得到有效执行和监督。

(3)财务报告真实性:审计与评估财务报告的真实性和准确性,包括核实财务数据的合规性、财务报告编制过程的可靠性和披露的完整性；检查是否存在可能导致财务报告虚假的内控缺陷或风险，并评估相关控制措施的有效性和合规性。

（4）信息系统与安全：评估组织信息系统的安全性，包括对数据的保护、访问控制、漏洞管理等方面的措施；检查信息系统的建立或修改是否基于战略规划和风险评估，并能够支持组织各个层级的目标和需求。

（5）内部沟通与交流：审计与评估组织内部的沟通渠道和机制，包括是否建立了适当的沟通平台和工具，供员工之间和与管理层之间交流和传递信息；检查组织内部的信息共享和交流是否充分、及时，是否存在层级间的沟通障碍，以及沟通方式和效果是否适当。

以上评价内容有助于确保信息在组织内部获得正确应用，并为内部控制提供有效支持。

（五）内部监督的审计与评价

1. 日常监督

日常监督是指组织对内部控制的建立与实施情况进行常规、持续的监督检查。在日常监督中，组织需要确保内部控制系统的正常运作，包括制订适当的监督计划、指定责任人员、明确监督范围和频率等。通过对日常活动的监督，组织能够及时发现内部控制方面的问题和风险，并采取相应措施加以纠正或改进。

2. 专项监督

专项监督是指在组织发展战略、组织结构、经营活动、业务流程、关键岗位员工等发生较大调整或变化的情况下，对内部控制的某一或者某些方面进行有针对性的监督检查。在专项监督中，组织需要针对特定事件或变化调整监督重点，以确保内部控制能适应和支持调整后的业务环境和需求。专项监督主要是为了解决重大调整或变化带来的潜在风险和挑战，通过有针对性的监督措施来强化内部控制体系的有效性。

综上所述，日常监督和专项监督是内部监督的两个重要方面。日常监督是持续的、常规的监督活动，用于确保内部控制的正常运作；专项监督则是针对特定事件或变化进行的有针对性的监督,旨在强化内部控制体系。通过这两种监督方式的有机组合,组织能够全面查漏补缺,确保内部控制的稳定性和有效性。①

第三节　高校内部控制审计与评价的实施

高校内部控制审计与评价是指对高校内部控制体系进行审查和评估的过程。目的是确保高校的运作具有高效性、透明度和安全性,并为高校管理层提供有效的风险管理和控制建议。

一、高校实施内部控制审计与评价的重要性

随着时代的发展,高校面临各种风险,如财务风险、造假风险、合规性风险等。内部控制审计与评价可以帮助发现潜在的风险和问题,并提供改进和预防措施,减少财务损失和声誉风险。

内部控制审计与评价可以增强高校组织的透明度和问责制。通过检查和评估内部控制流程,揭示不当行为或违规问题,并要求相应的纠正措施,有助于建立一个公平、负责任和可信赖的管理文化。

内部控制审计与评价可以提高高校资源的使用效率。通过评估资源配置、采购过程和执行策略等方面的内部控制,发现并改善效率低下和资源浪费的问题。通过内部控制审计,高校可以评估管理体系的有效性,并建立更高效的工作流程,有助于提升管理水平,加强决策制定和执行的效果。

内部控制审计与评价可以为高校提供持续改善的机会。通过监控和评估内部控制系统的运作状况,发现问题并提出改进建议,帮助高校不断完善和创新内部控制。另外,实施内部控制审计有助于高校遵守国家法律法规和相关规定。内部控制审计可以评估高校是否符合各项规

---

① 李荣梅,姚树中,屈影.企业内部控制[M].大连：东北财经大学出版社,2011.

章制度,纠正潜在的违规行为,确保高校运作的合法性和合规性。

二、高校实施内部控制审计与评价的现状

(一)高校对内部控制审计与评价工作不够重视

在一些高校中,内部控制审计工作被认为是次要的或辅助性的任务,缺乏足够的关注和重视。高校将更多的精力放在教学科研等核心业务上,忽视了对内部控制的有效管理与监督。

有些高校的管理层和相关工作人员对内部控制审计工作的重要性和价值认识不够。他们不清楚内部控制审计对于发现和解决潜在风险、提高整体效率和质量的作用,导致对该工作的轻视或忽略。

内部控制审计需要相应的人力、物力和财力支持。一些高校没有投入足够的资源来培养和维护内部控制审计的团队,或者没有提供必要的技术设施和工具,影响到内部控制审计工作的质量和效率。

如果高校没有建立明确的激励机制,对于内部控制审计工作的成果和贡献没有明确的奖励与认可,那么工作人员会缺乏动力和积极性来进行内部控制审计工作,导致工作的质量和效果受到影响。

(二)高校的业务管理范围日趋广泛,对内部控制审计与评价工作提出了新挑战

目前,随着高校角色的演变和社会需求的增加,高校承担的业务范围也在不断扩大,包括但不限于教学科研、人力资源管理、基础设施建设、财务管理等多个方面。这种广泛的业务管理范围给高校内部控制审计带来了以下挑战:

第一,高校业务范围的扩大导致了内部控制审计对象的多样化和复杂化。不同的业务环节和流程存在各自特定的风险和问题,需要进行相应的内部控制评估和审计。

第二,随着高校业务范围的扩展,伴随而来的是更多的风险。例如,基础设施建设涉及工程资金的使用和项目监管;人力资源管理涉及招

聘、员工薪酬和福利管理等,这些业务领域的风险需要得到有效控制和监控。

第三,高校业务范围的广泛性使内部控制审计涉及多个部门和环节,涵盖面较大。确保内部控制的有效性和一致性会受到人力、时间和资源等方面的限制。

(三)高校缺乏明确的内部控制评价标准

高校内部控制审计与评价一般参考相关的标准和指南,如国际审计准则、国际内部控制框架等,这些标准和指南提供了用于评估内部控制的基本原则和方法,并帮助高校确定评价的依据和指标。

缺乏明确的评价标准会导致不同的审计人员或机构在评价过程中产生主观偏差,可能形成评价结果的不一致性,影响到内部控制审计的客观性和有效性。

缺乏明确的评价标准导致内部控制审计的评价内容和要求不清晰。审计人员难以确定应关注的重点和评价指标,无法全面评估内部控制的有效性。

在一些情况下,高校需要对其内部控制体系与外部标准(如行业标准、法规要求等)进行对接和比较。缺乏明确的内部控制评价标准会使这一工作变得困难,导致对外部要求的满足程度难以评估。

(四)高校的风险管理意识淡薄

前面提到,高校通常将教学和科研视为核心任务,而风险管理和审计可能被视为次要任务。导致风险管理和审计工作在高校的受关注度较低,高校管理层更关注教学和科研成果。

一些高校缺乏具备专业风险管理和审计知识背景的人员。高校往往将精力放在教学和科研方向的人才培养上,对风险管理和审计专业人员的培养与引进相对较少。高校缺乏相关的制度和政策来规范风险管理和审计工作。没有明确的制度指导,高校在风险管理和审计工作上缺乏统一的方法和标准。

另外,在一些高校中,风险管理的意识薄弱,对其重视程度较低。高校教职员工对风险管理的概念和作用认识不够清晰,或者没有足够的时间和资源进行风险管理的实施。

三、高校内部控制审计与评价的实施策略

（一）创新思路，做好优化内部控制审计与评价的环境工作

第一，引入智能科技应用。利用人工智能、大数据分析等技术，提升内部控制审计的精确性和效率。例如，可以使用智能审计软件进行自动化测试和数据挖掘，帮助发现异常情况和潜在风险。

第二，推行全面数字化审计。将审计过程完全数字化，实现电子文档管理、远程审计等创新方式。采用电子审计工具和系统，可提高审计工作的效率和准确性，同时减少对纸质文件的依赖。

第三，加强持续监控与预警机制。建立高校内部控制的持续监控系统，结合实时数据和异常警示机制，及早发现和解决潜在风险。通过定期的风险评估和监测，持续改进内部控制体系，确保其适应快速变化的环境。

第四，强化绩效管理和追责机制。配备专门的内部控制督导和追责团队，对高校内部控制审计的执行和整改情况进行监管和评估。建立明确的绩效评价体系和奖惩机制，激励各级高校管理层和相关部门更加重视内部控制工作。

第五，促进信息共享与协同合作。加强高校之间的信息共享和合作，建立内部控制经验交流平台。鼓励高校间的合作和借鉴，共同推动内部控制工作的优化与创新。

第六，鼓励创新意识和思维。培养审计人员具备创新意识和思维，鼓励他们提出创新和改进建议，推动内部控制工作不断迭代和创新。通过开展培训和知识分享活动，增加审计人员的专业知识和技能，提升审计工作的质量和水平。

（二）增强内部控制审计与评价的灵活性，提高内部控制审计与评价效率

第一，定期复评内部控制风险。建立定期复评内部控制风险的机制，

将重点放在那些在上次审计中发现的问题上,并对其进行跟进和评估。这样能够及时发现漏洞和改进机会,减少审计过程中的工作量。

第二,使用远程审计技术。结合先进的远程审计工具,通过远程连接到高校系统,实施远程审计。可以极大地提高审计效率,减少时间和资源的浪费。

第三,优化审计计划和流程。精确评估高校的风险和重要程度,并根据评估结果精简审计计划。同时,优化审计流程,减少不必要的重复工作,确保审计人员能够更加高效地开展工作。

第四,强化数据分析能力。加强审计团队的数据分析能力,利用数据分析工具和技术,快速识别异常和风险,缩小审计范围和深度。通过更加精细化的分析,审计工作可以更加快速和准确地找到关键问题。

第五,采用抽样审计方法。针对大规模数据和流程,采用抽样审计方法,选择代表性样本进行审计。这样可以大幅提高审计效率,但同时要确保被选中的样本能够真实反映整体情况。

第六,推动信息共享与合作。积极与高校内部各部门、外部审计师事务所等合作,共享信息和资源。加强协调,避免工作的重复和冲突,提高审计的整体效能。

(三)建设内部控制评价指标体系,完善评价标准

建设高校内部控制审计评价指标体系,并完善其评价标准,是提高内部控制审计的质量和效能的关键。

第一,确定核心指标。确定与高校内部控制审计相关的核心指标,如风险管理、内部控制流程、信息科技应用、合规性、财务报告等方面。这些指标应该以高校内部控制目标和实践标准为基础。

第二,制定具体评价标准。针对每个核心指标,制定具体的评价标准和属性,明确各级评价指标的定义和要求。这些标准可以参考国家法律法规、行业标准或国际最佳实践。

第三,引入定性和定量指标。在评价指标体系中,既可以引入定性指标衡量内部控制的质量和流程是否符合要求,又可以引入定量指标衡量内部控制的绩效和效率。定性指标可以通过问卷调查、文件审查等方式获得,定量指标可以通过数据分析、风险评估等方法获得。

第四,考虑多维度评估。考虑不同层面和利益相关方的需求,确保

评价指标体系能够全面、客观地反映高校内部控制的实际情况。可以涵盖政策与流程、人员及组织、技术与信息等多个维度。

第五,强调持续改进。评价指标体系应该强调高校内部控制的持续改进过程。因此,除了评估当前状态,还应考虑高校对于发现的问题的整改情况和改进计划,这样可以推动高校内部控制的不断提升和创新。

(四)重视风险管理,提升内部审计与评价质量

高校应该高度重视风险管理,并持续提升内部审计质量,以确保内部控制的有效性和可持续性。以下是一些建议:

第一,建立风险管理框架。高校应制定并实施全面的风险管理框架,明确职责与权限,并将其融入日常运营和决策中。这有助于高校识别、评估和处理各类风险,从而减少潜在问题。

第二,设立独立的内部审计部门。高校可以设立独立的内部审计部门,负责进行独立的检查和评估,确保内部控制体系的有效性。该部门应具备专业知识和技能,能够提供有价值的审核意见和建议。

第三,加强内部审计流程。高校应加强内部审计的规划、执行、报告和跟踪,确保全面性、独立性和及时性。内部审计应覆盖关键业务流程、财务管理、合规性等方面,着重审查风险较高或关键的领域。

第四,提升内部审计人员的能力。高校应投资培训和发展内部审计人员,提升其专业知识、审计技能和沟通能力。定期组织专业培训、经验交流和学习活动,以保持对内部审计最新标准和实践的了解。

第五,强化内部控制意识和文化。高校管理层应树立良好的内部控制意识和文化,将内部控制视为全体员工的责任,并通过培训和宣传来加强员工对内部控制的理解和执行。

第三章

高校预算执行与财务收支审计理论与实践

第一节　预算执行与财务收支审计概述

由于预算执行审计和财务收支审计在审计原则、法律依据、方法和技术以及结果和报告等方面存在相同或相似之处,因此实务中一般将这两种审计业务结合在一起进行介绍。这样做有助于提高审计效率,确保审计工作的合法性和规范性,更好地运用审计方法和技术,并使审计结果和报告更加全面和具有针对性。

一、预算执行审计与财务收支审计的内涵

(一)预算执行审计与财务收支审计的定义

预算执行审计是指各级审计机关依据本级人大审查和批准的年度财政预算,对本级财政及各预算执行部门和单位,在预算执行过程中筹集、分配和使用财政资金的情况以及组织政府预算收支任务完成情况和其他财政收支的真实性、合法性、效益性所进行的审计监督。

财务收支审计是对组织或单位的财务收支及有关的经济活动的真实性、合法性所进行的审计监督的行为。这一审计过程由独立的审计机构和审计人员负责,他们依照国家的有关法规、法令、制度和有关会计理论、原则,对被审计单位的会计账目、会计报表等会计资料及其已发生的财务收支活动进行审查和评价。

(二)预算执行审计与财务收支审计的主体与客体

预算执行审计与财务收支审计的主体都是国家各级审计机关,如审计署和地方审计局等。这些审计机关依法对政府的预算执行情况和

财务收支活动进行审计监督,确保预算资金的合规性和效益性,这体现了审计工作的统一性和权威性。相比来说,财务收支审计的主体则更为广泛,除了国家审计机关外,还包括内部审计机构和社会审计组织。他们共同对被审计单位的财务收支活动的真实性、合法性进行审查和评价。

尽管主体都是国家审计机关,但在具体执行过程中,预算执行审计与财务收支审计可能涉及不同的审计对象和侧重点。预算执行审计主要关注预算资金的筹集、分配、使用和管理情况,侧重于对预算执行情况的评价和监督。财务收支审计则更侧重于对被审计单位的财务收支活动的真实性、合法性和合规性进行审查,关注财务报表的准确性和完整性。

(三)预算执行审计与财务收支审计的职能

审计的主要职能是监督、评价、鉴证,预算执行审计和财务收支审计也不例外。

1. 预算执行审计的职能

(1)监督预算执行:作为审计的基本职能,预算执行审计旨在对各级政府及其各部门、单位的预算执行情况进行监督。通过审计的手段和方法,评估预算编制和执行过程中的合规性、准确性和透明度,确保预算的合法性和合规性。

(2)评价预算执行效果:预算执行审计通过评价预算执行的经济性、效率性和质量,对预算资源的利用效益进行评估。从资金使用、支出管理、绩效评价等角度,确定预算执行的效果和成果,提供有关预算管理改进的意见和建议。

(3)发现问题和改进预算管理:预算执行审计旨在通过发现问题、确定风险和缺陷,为预算管理提供改进措施。审计机构可以根据发现的问题,提出改进建议和措施,帮助组织加强预算管理、优化资源配置,并提高预算执行的质量和效果。

(4)鉴证预算执行情况:作为一种审计手段,预算执行审计通过鉴证的方式,核实预算执行情况和相关财务信息的准确性和真实性。通过抽样检查、凭证核对和数据分析等手段,确保预算资金的合理使用,防止财务违规行为的发生。

2.财务收支审计的职能

财务收支审计的职能主要体现在以下几个方面：

（1）监督职能：财务收支审计对被审计单位的财务收支活动进行详尽的审查，以核实其真实性、合法性和合规性，包括对财务报表、会计记录和相关凭证的审核，确保它们符合相关法规和会计准则的要求。通过这一职能，财务收支审计有助于防止和揭示财务违规行为，保障财务信息的真实可靠。

（2）评价职能：审计人员对被审计单位的财务管理制度、内部控制体系以及财务收支活动的效益性进行评价，包括分析财务数据的合理性、合规性，评估财务活动的经济效益和社会效益，为被审计单位提供改进财务管理的建议。

（3）鉴证职能：财务收支审计为被审计单位提供客观公正的鉴证服务。通过对财务报表和财务活动的审查，审计人员可以出具审计报告，对被审计单位的财务状况和经营成果进行确认，为外部投资者、债权人等利益相关者提供可靠的财务信息。

预算执行审计与财务收支审计的职能在多个方面存在相似之处，但也有着各自独特的侧重点。

预算执行审计的主要职能在于对预算资金的筹集、分配、使用和管理等环节进行全面监督，确保预算执行的合规性和有效性。它着重于揭示预算执行过程中的问题，评价预算执行的绩效，并提出改进建议。预算执行审计的目标是确保预算资金按照预算编制进行使用，防止资金的浪费和滥用，促进预算的合理分配和有效使用。

财务收支审计更侧重于对被审计单位财务活动的真实性和合规性进行审查。它关注财务报表的准确性、会计账簿的合规性以及财务收支活动的合法性。财务收支审计的目标是确保被审计单位的财务状况和经营成果真实可靠，防止财务舞弊和违规行为的发生。

虽然二者都涉及对财务活动的监督，但预算执行审计更侧重于预算资金的使用情况，关注预算执行的效益性和合规性；财务收支审计则更广泛地关注财务活动的真实性和合规性，包括收入、支出、资产、负债等各个方面的审计。

二、预算执行审计与财务收支审计的目的

预算执行审计的主要目的在于确保预算资金得到正确、充分和有效的使用,维护财政预算的严肃性,并加强政府对本级预算收支的管理以及人大对财政预算执行情况的有效监督。有助于强化宏观管理和控制,推动社会主义经济的健康发展。预算执行审计针对的是预算资金的筹集、分配和使用过程,以及预算收支任务完成情况的真实性、合法性和有效性,它是财政审计的一个重要组成部分。

财务收支审计的目的则在于通过对组织或其他单位的财务收支活动的审查,确保其真实、合法和合规。它侧重于揭示财务活动中的错误、舞弊和不合规行为,并评价财务管理和内部控制的有效性。财务收支审计的目的是保护组织财产完整,防错纠弊,规范会计行为,堵塞漏洞,消除隐患,促进组织财务管理的规范化和高效化。

总体来说,预算执行审计和财务收支审计都旨在通过审计手段提高财务管理的效率和合规性,但前者更侧重于预算资金的使用和预算执行情况,后者则更关注于财务收支活动的真实性和合规性。二者相互补充,共同构成了一个完整、有效的财务审计体系。

三、预算执行审计与财务收支审计的原则

预算执行审计与财务收支审计都遵循一些核心原则,以确保审计工作的准确性、公正性和有效性。这些原则在两种审计类型中虽然有所共通,但也存在特定的侧重点和应用场景。

对于预算执行审计来说,特别重视以下几个原则:

全面性原则:预算执行审计需要对预算的所有收支项目进行详尽的审计,确保无遗漏。这是因为预算的执行涉及各个环节,任何一个环节的失误都可能影响到整个预算的执行效果。

动态性原则:由于预算管理是动态的,预算执行审计也需要采取动态的方式进行。这意味着审计不仅关注预算的编制,还要关注预算的执行和调整过程,确保预算在整个生命周期内都得到有效的监督。

重要性原则:在全面审计的基础上,预算执行审计还需关注重要事项和高风险领域。通过对关键环节的深入审计,可以更准确地评估预算执行的绩效和风险。

财务收支审计主要遵循以下原则：

真实性原则：财务收支审计的核心是确保财务信息的真实性。这要求审计人员严格核实财务报表、会计记录和相关凭证，确保所反映的财务活动与实际发生的业务活动相符。

合法性原则：财务收支活动必须遵守相关法律法规和会计准则。财务收支审计就是要检查这些活动是否合法合规，防止和揭示财务舞弊和违规行为。

公正性原则：财务收支审计需要保持公正客观的态度，不受任何外部因素的干扰。审计人员应依据事实和证据进行审计，确保审计结果的公正性和准确性。

综上所述，预算执行审计与财务收支审计在原则上有共同之处，但各有侧重。这些原则共同构成了审计工作的基础，确保审计结果的真实、合法和有效。

四、预算执行审计与财务收支审计的依据

对于预算执行审计来说，主要依据包括：

法律法规：国家及地方政府制定的相关法律法规是预算执行审计的重要依据，如《中华人民共和国审计法》，这些法律法规规定了预算执行的程序、标准和要求，为预算执行审计提供了明确的指导和规范。

财政预算：经过人大审查和批准的年度财政预算是预算执行审计的直接依据。审计机关会对照预算内容，对预算执行的各个环节进行审查，确保预算资金的使用符合预算要求。

部门规章制度：各级政府部门和单位制定的内部规章制度也是预算执行审计的依据之一。这些规章制度规定了预算执行的具体操作流程和管理要求，为审计提供了具体的操作指南。

对于财务收支审计来说，主要依据包括：

会计准则和会计制度：会计准则和会计制度是财务收支审计的基础依据。它们规定了会计核算的原则、方法和程序，为审计提供了统一的核算标准和判断依据。

相关法律法规：与财务收支相关的法律法规也是审计的重要依据，如《中华人民共和国会计法》，这些法规规定了财务活动的合法性和合

规性要求,为财务收支审计提供了法律层面的支持和保障。

财务计划和合同:被审计单位的财务计划和合同也是财务收支审计的重要依据。这些文件详细记录了财务收支的预期目标和实际执行情况,为审计提供了具体的审查内容。

另外,财务收支审计还会依据内部控制制度和审计准则进行审计。内部控制制度是组织或单位财务活动的管理框架,包括内部控制政策、流程和规定等。审计人员会依据内部控制制度的要求,评估财务活动是否符合内部控制制度的规定,发现潜在的问题和风险。审计准则规定了审计人员的职责和权力,审计程序规定了审计活动的过程和方法。审计人员在执行审计工作时,参考这些准则和程序的要求,保证审计的质量和准确性。

综上所述,预算执行审计与财务收支审计的依据具有多样性,既包括法律法规、预算和规章制度等宏观层面的规范,也包括会计准则、审计准则、财务计划和合同等微观层面的具体操作指南。这些依据共同构成了审计工作的基础,为审计人员提供了明确的审计方向和判断标准。

五、预算执行审计与财务收支审计的特点

预算执行审计与财务收支审计对财务活动的全面审查和评价起着重要的作用,具有以下几个特点:

(1)综合性:预算执行审计与财务收支审计涉及组织或单位的预算执行与财务活动的全过程。它们综合考虑了预算执行与财务管理的各个环节和要素,从而全面评估财务活动的合法性、合规性和效果。

(2)风险性:预算执行审计与财务收支审计注重发现问题和风险,并提供改进意见。审计人员关注潜在的财务违规行为、不合规操作和操作风险,帮助组织或单位识别和解决预算决策与财务活动中存在的问题,并提供预防措施,降低运营风险。

(3)独立性:预算执行审计与财务收支审计是由独立的审计机构或审计专业人员进行的。他们在审计过程中应当保持独立客观的态度,遵守职业道德和审计准则,不受任何利益干扰。独立性有助于提高审计结果的可靠性和公正性。

(4)法定性:预算执行审计与财务收支审计往往是基于法律法规的要求进行的。审计机构根据相关的法律法规、规章制度和政策要求,对组织或单位的财务活动进行审查和评价。审计程序和结果应当符合法律法规的规定,并具有法律效力。

（5）审计证据导向：预算执行审计与财务收支审计依赖于审计证据的收集和分析。审计人员通过抽样检查、凭证核查、数据分析等方法,收集和分析与财务活动相关的证据。审计证据是评估财务活动真实性和有效性的重要依据。

（6）结果导向：预算执行审计与财务收支审计的目的是发现问题、提供改进建议,并为组织或单位的决策提供准确的财务信息和数据。审计人员通过评价预算执行与财务活动的合法性、合规性、效益性和风险性,提供有针对性的建议,推动财务管理和运营的改善。

第二节　预算执行与财务收支审计的程序与内容

一、预算执行审计与财务收支审计的程序

（一）准备阶段

预算执行审计与财务收支审计的准备阶段的主要工作有以下内容：

了解被审计对象：审计人员需要充分了解被审计对象的组织结构、制定预算的程序和机制,以及预算编制和执行的相关规定。

确定审计目标和范围：审计人员与审计委员会或相关各方沟通,明确审计的目标和范围,确定审计的重点和关注点。

收集相关文件和资料：审计人员需要收集被审计对象的预算文件、报表、合同、协议、财务记录等相关文件和资料,以便全面了解预算的编制、执行和财务收支情况。

制订审计计划：审计人员根据目标和范围,制订审计计划,确定审计的时间安排、审计程序和采样方法等,确保审计工作高效有序进行。

分配审计资源：根据审计计划,分配审计人员和资源,确保能够对各个方面进行全面审计,并保证审计人员具备相应的专业知识和经验。

进行初步风险评估：通过分析相关文件和数据，审计人员初步评估预算执行过程中的潜在风险和可能存在的问题，确定后续审计工作的重点和焦点。

与被审计对象沟通：与被审计对象进行沟通，包括预算编制部门、财务部门等，了解他们对预算执行的看法和观点，澄清相关疑问，并确保审计过程的透明度和合作性。

制定工作底稿和测试程序：审计人员根据审计计划，编制工作底稿和测试程序，用于记录审计过程中的发现和核实情况，并保持审计过程的连贯性和一致性。

准备阶段是确保预算执行审计顺利进行的重要步骤，它为后续的实际审计工作奠定了基础，也使审计人员对审计对象、目标和范围有充分了解，以便更好地开展审计工作。

（二）实施阶段

预算执行审计与财务收支审计的实施阶段是开始正式进行审计工作的阶段，主要包括以下几个步骤：

根据审计计划进行取证：审计人员根据审计计划和测试程序，采取适当的取证方法，收集、分析和核实与预算执行相关的数据、文件和资料。

进行会计核算系统审查：审计人员审查被审计对象的会计核算系统，了解其运作机制和流程，确保财务数据的准确性和完整性。

进行现场勘查和确认：如有需要，审计人员可以进行现场勘查，对涉及预算执行和财务收支的实际情况进行确认，并与相关部门和责任人进行沟通。

进行财务文件和记录审查：审计人员仔细审查被审计对象的财务文件、报表和记录，核实收支、报账、报销等财务活动的合规性和准确性。

进行预算执行过程线索调查：审计人员调查任何可能存在的预算执行和财务收支方面的问题和线索，如超预算支出、低效使用资金等，以确保预算执行和财务收支的合规和效率。

开展数据分析和比较：审计人员进行数据分析，比较实际执行的预算、收支与原定预算、收支之间的差异，识别偏差和异常情况，进行深入分析和调查。

进行内部控制评估：审计人员评估被审计对象的内部控制制度是否有效，包括监督和控制预算执行和财务收支的流程、政策、程序等方面。

进行风险评估和抽样测试：审计人员对可能存在的风险进行评估，并根据需要进行抽样测试，以确认预算执行和财务收支的实际情况是否符合预期和规定。

记录审计发现和意见：审计人员记录审计结果、发现和意见，准备审计报告，并与被审计对象进行沟通和确认。

实施阶段是预算执行审计工作中最核心的阶段，审计人员根据准备阶段的工作计划和取证方法，完成实际的审计工作，获取审计证据，分析和评估预算执行的情况，发现潜在问题，并形成审计结论和意见。

（三）报告和处理阶段

预算执行审计和财务收支审计的报告和处理阶段是在实施阶段完成后，对审计结果进行总结、整理和报告，并对发现的问题和建议进行处理和跟进的阶段。主要包括以下几个步骤：

分析和总结审计结果：审计人员根据实施阶段的审计工作，对审计发现进行分析和总结，形成审计结果。

编写审计报告：审计人员根据审计结果，编写审计报告，包括对预算执行和财务收支情况的评价、发现的问题和风险以及提出的建议等内容。

报告颁发和沟通：审计人员将编写完成的审计报告提交给相关方，如审计委员会、管理层等，并与被审计对象进行沟通说明审计结果和建议。

确定问题和责任归属：根据审计结果，确定存在的问题和违规行为，并查明责任人和责任部门，以便后续的问题处理和改进。

制定改进措施和建议：基于审计发现和问题分析，审计人员制定相应的改进措施和建议，帮助被审计对象解决问题和提升预算执行和财务收支管理效能。

监督问题处理和改进实施：监督被审计对象对审计报告中的问题和建议进行处理和改进，并跟踪实施情况，确保问题得到妥善解决和改进落地。

审计报告发布和传达：审计人员根据审计报告的最终版本，完成审计报告的正式发布和传达，将审计结果向管理层、内部审计部门或其他相关方进行报告。

报告和处理阶段是将审计发现转化为实际行动的重要环节，通过向相关方提供详尽的审计报告和建议，促使被审计对象改进预算执行和财务收支中的问题，并确保后续的监督和跟踪措施的有效实施。

（四）后续跟踪检查阶段

预算执行审计和财务收支审计的后续跟踪阶段是在报告和处理阶段之后，对于被审计对象的问题处理和改进措施进行监督和跟踪的阶段。主要包括以下几个步骤：

确定跟踪目标和指标：根据审计报告中的问题和建议，确定跟踪的目标和指标，明确衡量改进措施实施的标准和要求。

规划跟踪措施和时间表：制定具体的跟踪措施和时间表，包括跟踪的频率、方式和人员责任，确保跟踪工作的有效进行。

跟踪改进措施的实施情况：跟踪责任部门或个人对审计报告中问题的解决措施的具体实施情况，确认改进措施是否按照计划进行并达到预期效果。

收集相关资料和数据：定期收集关于改进措施实施的资料和数据，如报表、记录、会议纪要等，以验证改进措施的有效性和效果。

进行问题处理的评估：评估被审计对象对审计报告中问题的处理情况，包括问题是否得到解决、处理措施是否有效、避免同类问题再次发生等方面。

监督并提供建议：对于未能按计划或不达标的改进措施，进行监督和督促，并提供相关建议和指导，协助被审计对象解决问题和改进预算执行、财务收支管理的效率和质量。

定期报告和沟通：定期向管理层、内部审计部门或其他相关方报告跟踪情况，并与相关人员进行沟通交流，确保跟踪工作的透明度和有效性。

调整跟踪计划：根据跟踪过程中的反馈和结果，可对跟踪计划进行调整和优化，以确保后续跟踪工作的高效进行。

后续跟踪阶段是为了确保审计报告中的问题得到解决和改进落地，

监督被审计对象按照改进措施实施,并提供必要的支持和指导。通过跟踪和监督,确保预算执行和财务收支的问题得到及时纠正,并避免类似问题的再次出现。

预算执行审计与财务收支审计过程与一般审计的流程大致相同(见图 3-1)。

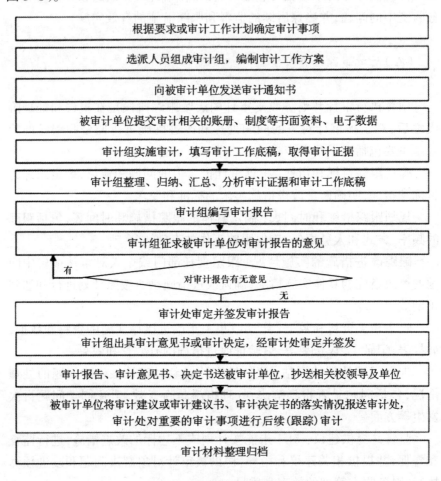

根据要求或审计工作计划确定审计事项

选派人员组成审计组,编制审计工作方案

向被审计单位发送审计通知书

被审计单位提交审计相关的账册、制度等书面资料、电子数据

审计组实施审计,填写审计工作底稿,取得审计证据

审计组整理、归纳、汇总、分析审计证据和审计工作底稿

审计组编写审计报告

审计组征求被审计单位对审计报告的意见

有   对审计报告有无意见   无

审计处审定并签发审计报告

审计组出具审计意见书或审计决定,经审计处审定并签发

审计报告、审计意见书、决定书送被审计单位,抄送相关校领导及单位

被审计单位将审计建议或审计建议书、审计决定书的落实情况报送审计处,审计处对重要的审计事项进行后续(跟踪)审计

审计材料整理归档

图 3-1　审计的一般流程

二、预算执行审计与财务收支审计的内容

（一）预算执行审计的内容

预算执行审计的具体内容可以归纳为以下几个方面：

（1）预算编制审计：审核审计期间的预算编制过程，确保预算的真实性、合法性、科学性和完整性。

（2）预算批复审计：核查预算批复程序是否符合法律法规的要求，审查批复的预算金额是否与实际需要相符。

（3）预算拨款收入和资金拨付情况审计：审查财政拨款的依据和使用情况，核对拨款收入的合法性和准确性，以及拨付资金的使用是否符合预算安排。

（4）预算基本支出情况审计：审查各项基本支出项目的执行情况，包括人员工资、福利待遇、办公费用、设备维修等方面，验证支出的合法性和准确性。

（5）预算项目支出情况审计：对预算中涉及的具体项目支出进行审计，包括工程建设、项目投资、社会保障、教育医疗等方面，确保预算资金的正确使用和效益。

（6）非税收入征缴情况审计：审查非税收入的征缴过程和程序，核对收入的准确性和合规性，以及拨付和使用情况。

（7）国有资产管理情况审计：核查国有资产的管理和使用情况，包括固定资产、土地资源等，确保国有资产的安全和合理利用。

（8）政府采购情况审计：审查政府采购行为是否符合相关法律法规和政策规定，核查采购结果的合理性、公正性和经济性。

（9）其他业务情况：如财务管理和财务报告情况：审查被审计单位的财务管理制度是否健全，财务报告是否准确、完整，是否符合会计准则和相关法律法规的要求；被审计单位的借款和债务管理情况，政府补贴和补助的使用情况，与其他单位间的资金往来等。[①]

预算执行审计的目的是确保预算资金的合理使用和结果效益，防范

---

① 张栎桦 .C 区预算执行审计案例研究 [D]. 北京：中国财政科学研究院，2020.

和发现财务违规行为,促进政府预算的科学管理和透明度。

(二)财务收支审计的基本内容

1. 财务支出的审计

财务支出审计是对一个组织或机构的财务支出活动进行全面审核和评估,以确认财务支出的合法性、准确性、规范性和合规性。具体而言,财务支出审计的内容可能包括以下几个方面:

支出授权审查:审查组织或机构的支出授权程序,确认支出是否经过合适的授权程序,支出经费的使用是否符合授权要求。

采购和付款审查:检查组织或机构的采购活动和付款情况,核对采购合同、采购发票和付款凭证等文件的真实性和完整性,确保采购过程的合规性和付款的准确性。

费用核对:审核组织或机构的各项费用支出,核对费用明细及其合规性和准确性,包括检查费用报销、差旅费用、劳务费用等方面的支出是否遵循相关政策和规定。

借款和负债管理审计:审查组织或机构的借款和负债管理情况,包括借款合同的签订和履行情况、利息支付、偿还计划的合规性等,确保借款和负债管理符合相关法规要求。

资金使用审计:审查组织或机构的资金使用情况,确认资金使用是否符合预算和财务计划,排查资金挪用、滥用等违规行为。

内部控制审计:评估组织或机构的内部控制制度的有效性和合规性,包括检查支出授权、采购和付款流程等,发现潜在的风险和弱点,并提出相应的改进建议。

资产、设备和库存管理审计:评估组织或机构的资产、设备和库存管理情况,核实相关登记记录的准确性和完整性,并确保其使用和处置符合相关规定。

合同和协议审查:审核组织或机构与其他方面签订的合同和协议,确认合同履行过程中的财务支出是否合规,检查是否存在违反合同条款的情况。

风险评估和控制建议:评估组织或机构的财务风险,提出预防和控制财务风险的建议,提高财务支出的安全性和合规性。

财务支出审计的目标是确保财务支出活动的合法性、准确性、规范性和合规性。在实际的财务支出审计活动中,具体内容会根据被审计单位的特点和需求进行调整和补充。

2. 财务收入的审计

财务收入审计是对组织的财务收入活动进行全面审核和评估,对于高校来说,其财务收入审计的内容涵盖了多个方面,以确保收入的合规性、真实性和完整性。具体来说,高校财务收支审计的内容主要包括以下几个方面:

(1)收入的完整性与统一性:审计各项收入,如学费收入、财政拨款收入、科研项目收入等,是否全部纳入学校预算,进行统一管理、统一核算。同时,要核实这些收入是否及时足额到位,有无隐瞒、截留、挪用、拖欠或私设"账外账""小金库"等问题。

(2)收入的合规性与合法性:审计各项收入的来源是否合法,是否符合国家、上级主管部门和学校的规定。例如,学费收入的标准是否经过相关部门批准,科研项目收入是否符合相关科研政策等。同时,审计收入的会计处理是否合法、合规,有无擅自增加收费项目、扩大收费范围、提高收费标准等乱收费问题。

(3)收入的内部控制:审计高校是否建立了完善的收入管理制度,并得到有效执行,包括收入预测、收入决策、收入计划、收入控制和收入分析等方面的制度是否健全,以及收入管理相关部门和人员的职责是否明确,是否存在内部控制漏洞等。

(4)预算与实际收入的对比:审计各项预算是否真实地反映了各项事业发展的经费需求,以及实际收入与预算的差异情况。通过对比预算与实际收入,可以分析预算执行的效率和效果,为后续的预算编制提供参考。

(5)收入的专项审计:对于某些特定类型的收入,如财政补助收入、上级补助收入等,可能需要进行专项审计。这些审计将针对特定收入来源的合规性、使用情况和管理制度进行深入审查。

综上所述,高校财务收入审计的内容广泛而复杂,需要审计人员具备扎实的财务和审计知识,以及良好的沟通能力和协调能力。通过全面、细致的审计,可以确保高校财务收入的合规性、真实性和完整性,为高校的健康、稳定发展提供有力的财务保障。

第三节　高校预算执行与财务收支审计实践

一、高校预算执行审计实务

（一）高校预算执行审计的范围

目前,高校实行全面预算管理,根据高校办学特点及资金来源渠道的不同,可以从以下方面归纳高校预算执行审计的范围。

（1）预算教育事业费:涵盖预算管理中的日常公用经费、工资福利、资本性支出等,对这些预算经费的使用情况进行审计。

（2）各种专项经费:包括由政府或拨款方指定用途的专项经费,如国拨基建项目专项资金、高校的"211""985"工程等,这些专项经费是预算执行审计的重点对象。

（3）纳入预算管理的各种收入与支出:包括学费收入、投资收入、房租收入等经费,以及相应的支出,这些收入和支出也应纳入预算执行审计的范围。

（4）其他预算管理下的部门和项目:除了上述具体的经费来源和用途,还应关注掌握总预算管理权的部门、掌握部分预算管理权的部门,以及年度预算经费使用比例较高的部门。

（二）高校预算执行审计的实施

高校预算执行审计的程序跟一般审计程序相似,在此不再赘述,但预算执行审计也有其特点,下面结合实际工作谈谈在实践中常用的做法。

在高校预算执行审计中,常采取循环审计模式。一般在财务决算完成后进行预算执行审计,对照预算的完成情况做出评价。这种审计模式多为事后审计。也就是说,审计时可能已经发生违规违法或低效益行为,难以纠正或需要付出较大经济代价,从而加剧了资金利用的低效性。

在高校内部审计部门对预算执行情况的审计过程中,可以采用事前、事中、事后审计相结合,一年一小审、三年一大审的循环审计模式。具体而言,审计部门可以在预算编制阶段事前介入,了解预算编制和调整情况,评估预算的合理性、可行性和测算依据。在每年的第三、第四季度进行期中审计,了解预算执行进度,并对照阶段性目标进行评价,及时提出问题和改进意见。上半年内对上一年度预算执行进行审计。[①]通过这种循环审计模式,可以实现审计时间的全程连贯性,突出审计的时效性,也能提高预算执行的效率。

事前和事中审计一般采取审计调查的形式进行,以便更好地了解预算执行情况并进行评估。简单来说,预算执行审计就是对高校预算的制定、调整和实施过程进行全方位的审查,以确保预算使用合理、高效,并及时纠正可能存在的问题,提出改进意见,从而保证高校资金的有效利用。

在高校规模不断扩大、经费来源多样化的情况下,高校预算的编制、执行和管理业务也变得越来越复杂。如果每年都按照所有的程序进行预算执行审计,仅依靠内审部门的力量是不够的。这时外包预算执行审计可以说是一种解决高校资源有限的问题的方式,使学校能够更好地聚焦于核心工作,并确保预算使用的合规性和高效性。

(三)高校预算执行审计报告

预算执行审计报告的基本内容包括审计工作概述、预算执行情况评价、发现的问题和风险、改进建议等。在撰写报告时,需要注意:

第一,应始终保持客观、中立的立场,避免受主观偏见的影响。所有的陈述和结论都应基于充分的审计证据,准确反映实际情况。

第二,报告应该使用清晰、简练的语言,避免使用模糊、含糊不清的词汇或术语。信息应该逻辑有序地组织,以确保读者容易理解。

---

① 杨毅.高校预算执行审计的实施及应用[J].经济研究导刊,2012(32):135-136.

第三,报告的格式和布局应该整洁、规范,并严格按照相关格式要求进行编排。可以使用标题、段落、列表等方式来提高可读性,基本模式如下:

框架结构	内容
封面	包括报告标题《关于××大学××年度财务预算执行情况的审计报告》,内审部门的名称,签发日期等信息
前言	该部分介绍被审计事项的背景、审计的时间、依据、原则、人员和方法等
正文	该部分基本模式如下: 一、预算编制的审计 1.编制的原则(对预算编制所遵循的原则进行评价和说明) 2.编制的情况(对预算编制的过程、参与者以及相关文件的备查情况进行描述) 3.编制的评价(对预算编制的合理性、准确性和透明度进行评估) 二、预算调整情况的审计(对预算在执行过程中是否经过合法和规范的调整进行审计) 三、预算执行情况的审计 1.预算收入执行情况(对预算收入的实际执行情况进行审计,包括收入来源、金额和使用等方面的情况) 2.预算支出执行情况(对预算支出的实际执行情况进行审计,包括支出项目、金额和使用等方面的情况) 3.预算执行结果(综合评估预算执行的整体情况,包括达成预算目标的程度、资金使用效果等方面的评价) 四、重点审计内容(根据实际情况确定,对具有重要意义或潜在风险的预算执行环节进行重点审计,如大额支出项目、敏感资金流动等) 五、审计意见 1.评价(对预算执行情况进行综合评价,包括问题和不足之处) 2.建议(提出改进预算执行的具体建议,以提高财务管理的效率和透明度)
附件	包括各种明细表、财务数据和相关文件的附件,以提供详细的审计依据和支持

需要注意的是,以上只是预算执行审计报告的基本框架,具体在编写报告时还需要根据实际情况进行适当的调整和补充,确保报告内容完整、准确、清晰,并满足相关法规、准则和要求。

(四)高校预算执行审计报告的应用

审计报告是审计工作的成果,而要让它发挥最大的效用,可以从以下几方面着手：

第一，领导重视和支持。学校主要领导应高度重视审计工作，并对审计报告中提出的审计意见和管理建议给予明确的书面意见，并确保及时处理和落实。领导的关注和支持是推动问题解决和改进的关键。

第二，及时落实和处理。学校有关部门和人员应根据校领导的批示和审计报告中的审计意见和建议，及时进行落实和处理。以建立相关制度、改进管理机制、加强内部控制等方式，解决问题和预防风险。同时，落实和处理情况应向内部审计机构及时反馈，并接受后续的督察和审计。

第三，保证结果公开透明。学校预算执行审计报告应在校内广泛公开，包括校长办公会、中层干部会、职工代表大会等重要会议上进行报告。此外，部门经费预算执行情况审计报告也应公布在有关部门内部，并作为部门负责人履行经济责任考核的依据。公开透明可以增强审计结果的约束力，促进管理的透明度和问责机制的建立。

第四，制度完善和调整。审计报告中提出的问题和建议应引起高校领导的重视，进一步优化预算管理制度、完善财务管理流程，加强内部控制和风险管理。同时，学校领导需要及时修正不适合的政策或协调投资比例关系，以推动学校财务管理水平的提升。

二、高校财务收支审计实务

（一）高校财务收支审计的范围

1. 资金使用审计

为保证高校对资金的使用效率，审计人员在审计过程中应注意以下问题：

第一，资金的收支失衡问题。审计人员需要注意学校是否存在资金缺口，即实际收益与预期收益之间的偏差。这可能由于建设投入资金增加、招生困难或学费拖欠等因素造成。审计阶段应关注高校资金流动情况，确保资金的有效使用并避免资不抵债的问题。

第二，贷款规模。部分高校可能选择贷款来获得建设资金以扩大招生规模。审计人员应重视审计贷款规模是否合理和高校贷款压力的影响。这能够确保高校发展不受限制,同时避免过度依赖贷款造成潜在风险。

第三,教育经费的浪费问题。一些高校在教育经费的使用上可能存在浪费现象,如有些高校不合理的费用支出,包括办公设备、会议费用、差旅费等过高或不必要的费用支出,超出了正常的经费需求;高校可能存在过多的教职员工编制,超过了实际教学和科研需求,导致资源闲置和浪费;教育资源如实验室、图书馆等未充分利用或被滥用,导致资源闲置,无法发挥最大价值;高校可能存在重复建设或购置相似设备、图书等情况,造成资源和经费的重复使用浪费;高校对经费使用缺乏有效的管理和监督,容易导致经费的滥用和浪费;教学改革、科研项目等经费管理不规范,存在资金挪用、超支或不合理使用的问题,导致经费浪费;在校园建设和装修过程中,过度追求奢华和炫耀,超出实际需求,导致资金浪费等,这些做法都可能导致教育经费的浪费,降低了资源的有效利用和教育质量的提升。因此,在审计中及时发现和解决教育经费浪费问题,是保障资源利用效率和提高教育质量的重要举措。

在审计过程中,审计人员可以重点关注往来款项的审计工作,包括高校与内外部单位之间的资金往来、借贷关系等。通过审计这些往来款项,可以确保相关款项的合规性和合理性,防止滥用资金和经费浪费。

此外,审计人员还可以利用与往来款项相关的科目,如"长期贷款"和"经费结余"等,明确高校当前的资金结余和负债情况。这有助于评估高校的财务状况和资金利用情况,为改进预算执行和推动经费的有效配置提供依据。

为了更全面地了解高校资金使用情况,审计人员可以进行实地调查或社会调查,收集相关数据和信息作为审计依据。例如,他们可以调查高校教学设施的实际使用情况,采集师生对资金利用的反馈意见,以了解资金使用的实际效果和问题,进一步优化资金使用策略和措施。

2. 投资审计

部分高校还会参与对外投资,审计人员在开展投资审计工作时应结合高校的具体投资类型和变化,并注意以下方面:

第一,审查银行账户。审计人员可以审查高校的银行账户,分析资金流向,判断是否存在资金流向非银行机构(如投资、财务、保险等)的问题。这可以帮助了解高校是否存在违规投资行为,确保资金的安全和合规性。

第二,审查结算中心资金信息。审计人员可以重点审查高校的结算中心资金信息。通过仔细分析结算中心的运作情况,可以了解高校各类投资的资金流动情况,发现并解决潜在的问题。

第三,分析附属企业投资情况。审计人员还可以从高校的组织结构内部入手,分析附属企业的投资情况。这些企业可能涉及大额投资,需要审计人员关注投资的回报率以及潜在风险,确保投资行为合理并避免高校面临投资损失的问题。

第四,检查管理制度。审计人员可以检查高校的内部管理制度,以了解投资决策的科学性和管理缺位等问题。外部延伸寻找审计的突破点,如与外部专业机构合作开展审计工作,可以提供更全面的审计视角和专业支持。

（二）高校财务收支的实施

1.财务收支审计的一般程序

财务收支审计程序大致可分为确定审计计划、实施审计监督、编写审计报告、进行审计整改、审计材料归档等五个工作程序。

（1）确定审计计划

第一,根据需要确定被审计单位和审计项目。

第二,组成审计团队,并编制审计工作方案,包括审计对象、时间、内容等。

（2）实施审计监督

第一,要求被审计单位提交与审计项目相关的财务文件、会计凭证、制度等书面资料和电子数据。

第二,审计团队进行审计工作,包括审核账簿、核对凭证、收集并分析审计证据等。

第三,审计组整理、归纳、汇总、分析审计证据和审计工作底稿。

（3）编写审计报告

第一,审计团队根据审计发现和处理情况编写审计报告。

第二,报告通常包括审计的基本情况、主要问题、建议和整改情况等内容。

（4）进行审计整改

第一，被审计单位根据审计报告中的建议进行相应的整改。

第二，审计部门对重要的审计事项进行跟踪审计，确保整改措施的有效实施。

（5）审计材料归档

第一，审计结束后，对审计过程中所收集的材料进行整理和归档。

第二，建立审计档案，以备将来需要参考或查询。

2. 校级财务收支审计的内容

校级财务收支审计的具体内容包括基本情况审计、预算审计、收入审计、支出审计、资产负债审计、净资产审计以及年终决算及报表审计等。

（1）基本情况审计

第一，审计学校的财务管理体制与机制是否符合相关规定。

第二，检查财务规章制度与内部管理制度是否完善，并评估其执行效果。

第三，分析财务管理部门的设置和人员配置是否合理。

第四，核实会计核算是否符合会计法规和学校规章制度。

（2）预算审计

第一，检查学校预算编制的原则、方法和程序是否符合国家和学校的规定。

第二，评估预算调整的程序和执行情况。

第三，分析预算执行情况与预算差异，并查明差异的原因。

（3）收入审计

第一，检查财务收入来源的合法性和合规性。

第二，核实各项收入是否按时到位，是否真实、合法。

第三，检查学费等收费收入的管理和使用情况。

（4）支出审计

第一，审核学校的支出是否符合预算并按规定执行。

第二，核实支出是否真实、合法。

第三，评估支出的有效性和经济性。

（5）资产负债审计

第一，审核学校的固定资产和无形资产的登记、处置和折旧情况。

第二,检查学校的负债情况,并评估其合理性和偿债能力。

(6)净资产审计

第一,审核学校的净资产组成与变动情况。

第二,检查净资产的合规性和正确性。

(7)年资决算及报表审计

审核学校的年度决算与报表,确认其准确性和合规性。

通过对这些审计内容的检查和评估,可以确保学校财务管理的规范性、合规性和透明度,以维护学校财务的安全性和健康发展。

3. 二级财务机构及独立核算单位财务审计的主要内容

(1)二级财务机构审计的主要内容

第一,会计机构建立和人员配备情况。审计将关注二级财务机构是否按照高校财务制度规定进行建立,以及会计人员的配备是否符合要求。同时,会评估会计基础工作的规范化情况,包括会计手段、工作环境以及队伍建设等方面。

第二,会计账簿设置与记录。审计将检查会计账簿的设置是否规范,并审查账簿中的内容是否完整、真实和合法,也会评估记录的及时性、清晰性和准确性。

第三,会计凭证的填制和处理。审计将关注会计凭证是否符合要求,所反映的经济内容及会计处理是否真实、合法。同时,会评估凭证的审核、传递和归档是否符合规定。

(2)独立核算单位审计的主要内容

对于二级财务机构所管理的独立核算单位,审计内容将根据每个单位的性质和采用的会计制度有所差别或侧重。独立核算单位审计的主要内容有:

财务报表审计:审计将对独立核算单位的财务报表进行审计,包括资产负债表、利润表、现金流量表等。审计着重关注报表的真实性、准确性和合规性。

收支情况审计:审计将审查独立核算单位的收入来源和支出情况,包括资金拨付、投资收益、费用开支等。审计将评估这些活动是否符合相关法规和财务制度。

内部控制审计:审计将评估独立核算单位的内部控制制度和程序是否健全,包括预算管理、财务管理、稽核和风险管理等方面。

需要注意的是,对于不同性质的独立核算单位,审计的侧重点和内容可能有所区别。

三、高校预算执行审计与财务收支审计的重要性

教育新常态下,国家对高校的支持力度增大,特别是提高了科研和基建经费的支持。然而,这也给高校的财务工作带来了困难。因此,加强财务收支审计工作变得尤为重要。

第一,高校预算执行审计与财务收支审计能够及时发现和防范经济犯罪行为,帮助识别并解决潜在的贪污、挪用资金、虚报冒领等问题。通过审计的监督和检查,可以有效降低腐败风险,保护国有资产,维护高校的良好治理。

第二,高校预算执行审计与财务收支审计可以评估高校财务管理的效率、合规性以及风险控制能力。通过审计的结果和建议,可以帮助高校识别改进的空间,优化财务流程,加强内部控制,并推动财务管理的规范化和专业化。

第三,高校预算执行审计与财务收支审计能够对预算执行情况进行评估,确保资源的合理配置和使用。审计可以帮助识别存在的浪费、不必要的支出,提供参考依据,帮助高校制订更科学、更有效的预算计划,优化资源利用效率,实现有限资源的最大化利用。

第四,高校预算执行审计与财务收支审计对高校财务信息的真实性、准确性和完整性进行评估,保障了财务报告的可靠性和透明度。通过审计的公正、独立性和客观性,提升了财务信息的信誉度,为内外部利益相关者提供了权威、可信的财务数据,加强了高校的信息披露和监督,为决策者提供更多的参考。

第五,高校预算执行审计与财务收支审计可以帮助高校发现并解决管理中存在的问题和风险,改进管理流程和制度,提高高校财务管理的效能和水准。通过有效的审计工作,能够提升高校的管理水平和信誉度,提升高校在社会中的形象和竞争力。

四、高校预算执行审计与财务收支审计现状

(一)审计观念薄弱

一些高校对预算执行与财务收支审计的重要性和影响力认识不足,认为财务审计只是例行性的程序,没有意识到其对高校的管理和发展具有重要的支持和保障作用。在预算执行与财务收支审计工作上缺乏系统性,没有建立完善的预算执行与财务审计制度和流程。审计工作仅仅是由某个部门或个别人员执行,并未纳入高校的常规管理和评估体系中。由于一些高校对财务收支审计认识不足,导致对该项工作的资源投入较少,包括对专业审计人员、审计设备等方面的支持相对不足。这可能导致审计工作的效果和覆盖范围受限,无法全面了解和评估高校的财务情况。另外,在一些高校中,财务收支审计未能形成正确的审计文化氛围。对于审计结果和建议,或者对于审计发现的问题,高校内部没有有效的反馈、整改和追责机制,导致审计工作的效果和影响力受到限制。

(二)审计全局性不足

一些高校对于财务收支的审计意识相对薄弱,可能将审计工作视为一种例行性的程序,而未能充分认识到审计对于财务管理和风险控制的重要性。因此,在整个财务管理过程中缺乏审计的全局视角和全程参与。

高校采取事后审计的方式,独立审计部门通常跟随财务管理部门进行审计,难以及时发现和纠正资金使用的问题。这种滞后性审计可能导致违规行为得以长期存在,且审计结果无法及时反馈给管理者,影响到财务管理的实效性和管理效果。

另外,一些高校在资金使用、国有资产管理等审计工作流程方面存在不规范的问题。例如,审计标准和程序的制定、数据采集和分析、审计报告的编制和呈报等环节缺少明确的指导和规范,导致审计效果受到影响。

以上问题导致了高校财务收支审计的全局性不足,阻碍了财务管理的优化和风险控制的有效实施。

(三)审计监督机制不完善

一些高校内部审计工作的开展缺乏独立监督机制。审计人员可能受到管理者的利益影响,难以保证审计过程的公正性和客观性。这种情况可能会导致审计结果偏离实际情况,无法提供有效的监督和改进。由于内部控制不完善,审计人员很难对人员权力进行更好的约束。这种情况下,财务管理中可能存在管理者的滥用职权、资金腐败等问题,给高校财务管理带来风险。

(四)审计人员素质有待提升

财务审计人员素质的提升是确保审计工作有效性和质量的关键因素。以下是一些可能表明财务收支审计人员素质有待提升的情况:

一些审计人员可能缺乏相关领域的专业知识和技能,无法准确理解和应用审计准则、标准和方法。这可能导致审计过程中的错误、遗漏或偏差。

财务审计人员应当具备正确的审计理念和职业道德,如独立性、保密性、客观性等。一些审计人员正是缺乏这方面的基本素养,以致审计报告的可信度和影响力可能会受到影响。

财务审计人员需要有较强的数据分析能力,能够理解和解读大量的财务数据,并通过分析来发现潜在的问题和风险。一些审计人员缺乏数据分析能力可能导致审计结果的片面性或不足。

财务领域法规、标准和实践不断发展和变化,审计人员应保持持续学习的意识,及时更新相关知识和技能。缺乏持续学习的态度可能导致一些审计人员在审计实践中无法紧跟时代的要求。

五、完善高校预算执行审计与财务收支审计工作的措施

（一）转变人员观念，提升其职业素养

高校应注重培训财务审计人员，及时传达国家最新规定，提高人员对工作的重视程度。在培训方面，应特别强调职业道德方面的教育培训，使审计人员能够坚定信念，在工作中保持端正的态度和自律意识。

审计人员应自觉接受持续的专业知识和技术培训，尤其是在信息技术方面。与高校的预算收支审计与财务收支审计信息化管理需求相结合，提高审计人员的信息技术水平和素养，使其能够适应财务审计信息化工作的要求。

（二）创新升级模式，关注风险管理

第一，可以通过引入新的审计方法和技术，如数据分析、人工智能等，提高审计工作的效率和准确性。同时，探索适合高校特点的审计流程和制度，加强与高校实际情况的结合，提高审计工作的适用性。

第二，将审计工作重心适当倾斜向风险管理方面，建立健全的内控制度，并加强事前风险分析和预警机制。及时制定措施来应对风险，降低工作风险，确保财务审计真实、合规。

第三，除了常规财务审计，还应重视管理审计和效益审计等工作内容。管理审计可以帮助评估和改进高校的管理体系和运行效率，而效益审计可以评估财务使用的效益情况。同时，针对存在的问题采取重复审计措施，督促问题整改，确保所有工作能够落地实施。

第四，在审计过程中，需要结合高校的财务状况制定相关的解决措施。可以通过审计结果分析、与高校财务部门的沟通合作等方式来实现，以确保解决方案具有可操作性和有效性。

通过创新工作模式、关注风险管理等措施，可以提升高校财务审计的质量和效率，全面改进工作流程并保证工作落地，对于高校的财务管理和发展都具有重要意义。

（三）健全审计制度，公开财务信息

为防止利益驱使对审计工作产生影响，建立审计制度并规范人员行为是十分重要的。高校可以设立独立的审计机构，专门负责高校的审计工作。这样可以确保审计工作的独立性和客观性，避免受到其他管理层人员的干扰。高校需要明确审计人员的工作要求，包括职责、权责、工作程序等。审计人员应遵守行业准则和职业道德，在进行审计工作时做到客观公正、诚信勤勉。审计制度还可以规定相关奖惩措施，以推动审计人员的工作质量和职业道德。

高校可以将审计人员的工作质量与其职务晋升相关联，即通过优秀的工作表现来评价和决定审计人员的晋升。这样可以激励审计人员积极履行职责，以及维护审计工作的独立性和客观性。

为防止审计过程中出现非客观形式的审计活动，高校可以适当降低管理层人员的财务权限。通过限制管理层人员的财务权限，可以避免他们在审计过程中出现利益驱使的情况，保证审计工作的独立性和客观性。高校可以制定财务信息披露制度，定期公开高校的财务信息。例如，通过在校内网站上公布财务审计结果，让在校师生和其他相关方能够了解审计工作的进展和结果，并对工作展开全方位监督。这样可以提高审计的公信力和透明度，增加对审计工作的信任度。

（四）完善审计评价，评估工作成效

为及时掌握收支审计工作质量，高校确实需要制定评价体系，并不断完善和改进。高校需要制定一套评价体系，包括评价指标、制度和方法等。这些指标应综合考虑经济和社会效益原则，并将定量和定性因素结合起来，能够全面评价财务审计工作的质量和效果。

评价体系应设立评议指标和基本指标，前者用于评估影响财务效益的非定量因素，后者用于综合反映评价内容。通过运用评议指标和基本指标，能够科学、客观地进行评价，得出结论。

评价体系应规范评价流程，保证评价过程高度可行。流程应明确评价的时间节点、参与人员和具体操作步骤，以保证评价的有效性和准确性。

随着高校扩招以及其他方面的变化,评价体系需要不断完善和改进,以适应新情况下的财务审计工作需求。高校应密切关注各项评价指标和方法的科学性和实用性,并根据需要进行相应调整和优化。

另外,高校还应定期对审计工作进行评价和评估,以了解工作成效,并指导高校财务相关工作的开展。这样可以及时发现问题,有针对性地提出改进措施,进一步提高内部审计的质量和效率。

第四章

高校经济责任审计理论与实践

第一节　经济责任审计概述

一、经济责任

经济责任是指基于特定职务而应当承担或履行的与经济相关的职责和义务。[①]它具有以下特征：

第一，是一种职责或义务。经济责任是指个人或组织在特定的社会生活中所负有的特定职责或义务，与其行为的后果有关。

第二，与职务相关。经济责任是基于当事人所担任的特定职务而产生的职责或义务，并与该职务有直接关联，与其他与职务无关的责任或义务不同。

第三，与经济相关。经济责任主要涉及当事人在管理和运用资金、资源、资产等经济方面的职责和义务，如财务管理、资产管理、经济决策等。

第四，应当承担或履行的职责或义务。经济责任是由法律或约定规定的，个人或组织在特定职务下应当承担或履行的特定职责或义务，如保管、报账、合规审计等。

二、经济责任审计

经济责任审计是对被审计对象在担任特定职务期间是否履行经济责任的合法性、合规性和有效性进行审计的过程。通过经济责任审计，可以评估被审计对象在处理经济事务时的管理能力和职责履行情况，发现可能存在的不当行为或违规问题，并提出相应的改进建议。

---

① 刘英，林钟高.审计学 [M].合肥：合肥工业大学出版社，2009.

（一）经济责任审计的定义

经济责任审计可以分为广义和狭义两种。

广义的经济责任审计是指作为独立第三方的审计机构对经济权和管理权两权分离产生的受托方的受托责任进行评价的行为。这包括评估受托经济责任的合理性、合法性和效益性。

狭义的经济责任审计则是指根据《第3204号内部审计实务指南——经济责任审计》的规定，内部审计机构（包括履行内部审计职责的内设机构）、内部审计人员对本单位所管理的领导干部任职期间的经济责任履行情况的监督、评价和建议活动。

因此，广义的经济责任审计侧重于评估受托方的受托责任，而狭义的经济责任审计则是根据《中华人民共和国审计法》具体规定，对主要负责人在任职期间的经济责任履行情况进行审计监督。需要注意的是，不同国家和地区对经济责任审计的定义和范围可能会有所差异。以上是一般的理解，具体定义和适用范围可能因国家法律法规或相关规定而有所不同。

（二）经济责任审计的种类

经济责任审计可分为多种不同的类型，常见的包括：

综合经济责任审计：对个人或组织在特定职务期间管理和运用资金、资源、资产等方面的经济责任进行全面的审计评估。它涵盖了财务管理、资产管理、经济决策、合规性等方面的审计内容。

财务经济责任审计：主要对个人或组织在财务管理方面的责任履行情况进行审计评价。它关注财务报表的准确性、合规性以及相关的财务管理流程和制度。

资产经济责任审计：重点审计个人或组织在资产管理方面的责任承担和履行情况。它涉及资产的采购、保管、使用、处置等环节的审计审查。

考核评价经济责任审计：主要针对个人或组织的经济责任履行情况进行考核和评价。它可以根据预先设定的绩效指标或考核标准，对被审计对象的经济责任履行情况进行量化评估。

专项经济责任审计：针对特定问题或领域进行的经济责任审计，重点关注特定经济活动或职责履行情况的合规性、效率性和效益性。例如，对特定项目、资金使用、合同执行等进行单独的经济责任审计。

需要注意的是，上面仅是一些常见的经济责任审计类型，实际上根据审计机构和被审计对象的需求，还可以有其他特定类型的经济责任审计。审计的具体内容和范围将根据审计计划和目标的确定而有所不同。

（三）经济责任审计的目标

经济责任审计的目的是确保被审计对象在处理经济事务时遵守法律法规和相关约定，合理、高效地管理和运用经济资源，维护公共财产和社会利益的安全与稳定。审计的结果通常以审计报告的形式呈现，其中包括针对发现问题的详细说明和相应改进建议。

（四）经济责任审计的特点

1. 审计对象的双重性

经济责任审计对象的双重性体现在审计对象既是一个独立的个体，也代表了其所在单位或组织。这种双重性主要表现在以下几个方面：

个人责任层面：经济责任审计首先评估的是被审计领导人员的个人责任履行情况。审计人员会审查被审计领导人员在财务管理和经济活动中的决策、管理和执行等行为，确定其对财务的真实性、合法性和效益性的责任承担情况。

代表组织责任层面：被审计领导人员作为组织的代表，他们的行为和决策也代表着所在单位或组织的负责人。经济责任审计也会评估被审计领导人员对组织内部管理制度、风险控制措施以及内部监督机制的建立和执行情况，以及其对组织整体发展和运营的影响。

个人和组织责任的权衡：在经济责任审计中，需要权衡被审计领导人员在个人职责和组织责任之间的关系。即使某位领导人个人责任履行得当，但如果组织整体管理不善或存在重大违规行为，领导人也应承担相应的责任。反之，组织管理不善可能会影响个人的决策和履职能力。

追究个人和组织责任的方式：根据审计结果，对于违法违规行为、经济损失等问题,既可对个人予以相应的法律追究和行政处罚,也可以对组织进行纪律处分、行政处罚甚至追究刑事责任。

2. 审计内容的全面性

在领导干部经济责任审计中,除了对传统财政财务收支进行真实性、合法性和效益性的审计外,还需要对其涉及的重大经济决策进行审计和评价,如固定资产投资、招商引资、资源环保等,体现了对经济责任的全面审计。

审计人员在实施领导干部经济责任审计的过程中,也需要综合应用多个领域的专业知识。例如,对部门财政财务收支进行审计需要财务相关知识,涉及大数据的部门可能需要使用计算机审计技术和数据分析方法,对资产投资和环境项目评估则可能需要有工程背景的审计人员参与。[①] 审计人员的综合专业能力和多学科背景有助于更全面地审计党政领导干部的经济责任。

3. 审计评价的风险性

经济责任审计评价具有一定的风险性,具体表现在以下方面:

缺乏准确的评价标准:如果缺乏科学完善的评价指标体系,可能导致审计评价过程中的主观性和不确定性增加。评价标准如果不明确或不完善,可能影响对被审计对象经济责任履行情况的客观评估。

数据质量问题:评价过程中依赖的数据可能存在不准确、不完整或被操纵的风险。如果审计人员无法获取到准确可信的数据,将会对评价结果产生重大影响。

经验和专业判断:审计评价需要审计人员的经验和专业判断,但主观性或个人偏好可能会对评价结果产生影响。审计人员的主观意见可能会受到信息的提供、时间和资源的压力、人际关系等因素的影响。

复杂性和多元性:经济责任的履行情况涉及多个方面,如财政、经济、社会环境等。评价这些多样化的因素,并将其标准化和量化,是很具有挑战性的。因此,在综合评估中,可能存在一定的主观性和误差。

---

① 单文宗,张冬平,黄婷.企业财务审计研究[M].长春:吉林科学技术出版社,2019.

为降低评价风险,需要加强相关标准和指导的研究与制定,并严格遵循专业道德规范和审计准则,同时建立健全信息披露制度,提高数据的透明度和质量。此外,建立与发展中情况相适应并经过实践验证的评价方法和工具也非常重要。

第二节　经济责任审计的程序与内容

一、经济责任审计程序

2021 年 3 月 1 日施行的《第 2205 号内部审计具体准则——经济责任审计》将经济责任审计分为审计准备、审计实施、审计报告和后续审计四个阶段。经济责任审计作为对领导干部在任期内履行经济责任情况进行监督和评价的重要手段,四个阶段的工作均具有重要意义。以下是对这四个阶段工作的详细分析。

（一）审计准备阶段

组成审计组:选择具备相应专业知识和经验的审计人员,确保审计组具备完成审计任务的能力。

开展审前调查:通过初步了解被审计领导干部及其所在单位的基本情况,为后续审计工作的顺利开展奠定基础。

编制审计方案:明确审计目标、范围、方法和步骤,确保审计工作有序进行。

下达审计通知书:正式通知被审计领导干部及其所在单位,明确审计的时间、地点、内容等,并抄送相关部门,以便各方做好配合工作。

（二）审计实施阶段

召开审计进点会议:与被审计领导干部及其所在单位进行面对面沟通,明确审计要求,为后续审计工作营造良好氛围。

收集有关资料：全面收集与审计内容相关的资料，包括财务报表、会议记录、决策文件等，为审计分析提供依据。

获取审计证据：通过查阅资料、实地调查、询问等方式，获取充分、适当的审计证据，以支持审计结论。

编制审计工作底稿：记录审计过程中的重要事项和发现的问题，为编写审计报告提供原始材料。

与被审计领导干部及其所在单位交换意见：在审计过程中，及时与被审计对象沟通，确保其了解审计进展和存在的问题，并听取其意见和建议。

（三）审计报告阶段

编制审计报告：根据审计实施阶段的工作成果，编写审计报告，客观、公正地反映被审计领导干部的经济责任履行情况。

征求意见：将审计报告初稿送交被审计领导干部及其所在单位征求意见，确保其了解并认可审计结论。

修改与审定审计报告：根据反馈意见，对审计报告进行修改和完善，确保报告的准确性和客观性。

出具审计报告：将审定后的审计报告正式提交给相关部门，为领导决策提供参考。

建立审计档案：将审计过程中的所有文件和资料整理归档，以便后续查阅和使用。

（四）后续审计阶段

移交重大审计线索：如发现重大违法违规问题，应及时将相关线索移交给纪检监察机构等有关部门进行处理。

推进责任追究：对审计中发现的问题进行责任认定，并推动相关部门对责任人进行追责问责。

检查审计发现问题的整改情况：定期对被审计单位进行回访，检查其是否按照审计报告的要求进行了整改，确保问题得到有效解决。

审计建议的实施效果：关注审计建议的落实情况，评估其实际效果，为后续审计工作提供改进方向。

通过以上四个阶段的工作,经济责任审计能够全面、客观地评价领导干部在任期内履行经济责任的情况,为加强干部管理和推进廉政建设提供有力支持。

二、经济责任审计内容

内部审计机构应当根据被审计领导干部的职责权限和任职期间履行经济责任情况,结合被审计领导干部监督管理需要、履职特点、审计资源及其任职期间所在单位的实际情况,依规依法确定审计内容。

经济责任审计的主要内容一般包括:

(一)贯彻执行党和国家经济方针政策及决策部署情况审计

通过对被审计领导干部在任职期间贯彻执行重大政策措施情况的审计,可以揭示和反映履职中的问题和风险,推动政策措施的有效实施。

在审计过程中,需要重点关注被审计领导干部及其所在单位在贯彻执行重大政策措施方面的部署安排情况,包括审计部署安排的及时性和务实性,看是否存在形式上的部署多而实质性落实少的问题;审计实施方案的遵循性、健全性和可行性,确保政策措施得到全面、准确的执行;审计实施方案的制定是否通过适当的程序,确保方案的合理性和合法性。此外,还需要审计重大政策措施具体安排的落实情况,包括审计实施方案是否得到认真落实,责任是否到位,是否存在打折扣、作选择、搞变通的现象;审计是否建立了有效的监督机制,对执行过程进行及时纠偏和监督检查;关注责任追究机制的建立和执行情况,确保对贯彻执行不力的责任人进行追责。

要审计重大政策措施具体安排的实施效果,包括审计工作任务、时间进度、完成目标等是否达到预设标准;审计政策措施落实是否达到预期效果,是否形成可推广的良好实务;审计政策措施落实对被审计单位的影响,确保在维护国家利益的前提下,实现单位利益的最大化,推动单位的可持续发展。

（二）发展战略规划制定及执行情况审计

通过这一审计过程，可以全面了解领导干部在战略规划方面的履职情况，确保战略规划与国家规划、产业政策等要求保持一致，并有效推动单位的可持续发展。

在审计发展战略规划制定情况时，需要关注战略规划的制定程序是否规范，是否经过充分调查研究、科学分析预测和广泛征求意见，是否遵循民主讨论和集体决策等程序。同时，要审查战略规划是否符合国家战略规划、产业政策等要求，是否与上级单位制定的战略规划目标一致，并综合考虑各种影响因素。此外，还要关注战略规划是否明确发展的阶段性和发展程度，以及各发展阶段的具体目标、工作任务和实施职责是否清晰。在外部环境发生变化时，战略规划是否得到及时调整和更新。

在审计发展战略规划执行情况时，要关注是否通过发布规章制度、制定年度工作计划、编制全面预算等方式推进规划落地，确保战略规划的有效实施。同时，要审查是否严格执行各项规划，是否存在随意调整战略规划等情况。对确需调整的战略规划，要检查是否按照规定权限和程序进行调整。此外，还要关注是否建立督办机制，通过督查、考评、监控和报告等方式推进目标责任制的完成，并针对落实不力的情况进行原因分析、持续改进和追究责任。

在评估发展战略规划的实施效果时，要关注领导干部任职期间战略规划的阶段性目标任务是否按期保质完成，是否达到预期效果和目标。同时，要审查是否存在因不符合国家规划及产业政策调整方向或监督失职导致规划执行不到位的情况，以及是否造成重大资金或资产（资源）闲置或损失浪费、侵占或损害群众利益、破坏生态环境以及损害公共利益等严重后果。

（三）组织治理情况审计

组织治理情况审计是对组织内部治理结构和机制的有效性、合规性以及执行情况进行全面、系统的审查和评价。这种审计活动旨在确保组织治理的完善性，促进组织健康、稳定和可持续发展。以下是对组织治理情况审计的进一步解读。

1. 组织治理结构情况审计

组织治理结构审计主要关注组织架构的健全性和职责的清晰性。审计内容包括：

第一，检查是否建立了法人治理结构，并确保各治理主体之间的职责边界清晰。

第二，审查是否依法制定了公司章程，并对股东、董事、监事和高级管理人员的行为具有约束力。

第三，对于上市公司，特别关注是否设立了股东大会、董事会、监事会，并在董事会下设立了专门委员会。

第四，核实董事会、监事会的成员组成和任职资格是否符合规定，并关注是否建立了独立董事制度。

第五，评估内设机构与部门职责权限的明晰性，以及不相容职责是否得到有效分离。

2. 组织治理机制情况审计

组织治理机制审计关注决策执行监督机制的有效性。审计要点包括：

第一，审查决策与权力分配机制是否健全，并关注是否制定了相应的议事、决策规则。

第二，评估激励与监督机制的有效性，检查是否建立了与绩效和个人业绩相联系的薪酬激励机制，并建立了监督与问责机制。

第三，检查沟通与报告机制的健全性，包括单位内部各层级间的报告路径是否明确，以及上市公司是否按规定进行信息披露。

第四，关注组织内部是否推广了适当的道德和价值观，以及是否形成了符合单位实际的组织文化、行为规范、职业道德规范等。

3. 组织治理执行情况审计

组织治理执行审计主要关注治理主体职责的履行情况和治理结果的衡量。审计要点包括：

第一，检查党委（党组）与董事会、经理层等治理主体的关系是否理顺，特别关注党组织在研究讨论重大问题时是否发挥了前置程序的作用。

第二,关注董事会、监事会、高级管理层等各治理主体的履职情况,包括运作是否规范、决策是否科学等。

第三,评估组织治理结果的衡量指标是否达到预期,并关注是否存在因疏于监管导致的管理混乱、违规违纪违法、经营亏损、风险隐患等问题。

4. 对下属单位管理情况审计

对下属单位管理审计关注被审计领导干部对下属单位的管理和监督职责履行情况。审计要点包括:

第一,检查被审计单位是否按照法律法规建立了下属单位治理架构,并设置了清晰、科学和严谨的治理规则。

第二,关注下属单位的经营发展战略是否符合上级单位的整体战略意图。

第三,评估对下属单位重大经济决策的监管有效性,以及资本资产的保值增值情况。

第四,关注是否存在因管理层级过多、管理链条过长导致的对下属单位管理失控等问题。

(四)内部控制和风险管理情况审计

这一审计活动旨在确保企业或组织能够识别和应对潜在风险,保障其资产安全、经营效率以及合规性。

1. 内部控制审计

内部控制审计主要关注内部控制设计的合理性和运行的有效性。审计人员通过访谈、调查问卷、实地查验等方式,深入了解组织的内部控制环境和控制措施,并对其进行评价。

第一,内部控制设计的合理性。审计人员会检查组织是否建立了完善的内部控制体系,包括内部控制的基本制度、操作流程、风险控制措施等。同时,还会关注内部控制是否与组织的业务模式、风险状况和合规要求相匹配,是否能够有效地防范和控制风险。

第二,内部控制运行的有效性。审计人员会评估内部控制在实际运行中的效果,包括控制措施是否得到有效执行、是否存在控制漏洞或缺陷、内部控制是否能够及时识别和应对风险等。此外,还会关注内部控制对组织经营效率、财务报告准确性和合规性的影响。

2. 风险管理审计

风险管理审计主要关注组织风险管理的机制、过程和效果。审计人员会对组织的风险管理环境、风险识别与评估、风险应对策略和风险控制措施进行全面审查。

第一,风险管理机制的健全性。审计人员会检查组织是否建立了完善的风险管理机制,包括风险管理组织架构、职责分工、工作流程等。同时,还会关注组织是否建立了有效的风险信息传递和沟通机制,以确保风险信息能够及时、准确地传递到相关部门和人员。

第二,风险识别与评估的准确性。审计人员会评估组织风险识别与评估的准确性和全面性,包括企业是否能够全面识别潜在风险、是否采用了适当的风险评估方法和工具、风险评估结果是否客观可靠等。

第三,风险应对策略的有效性。审计人员会检查组织针对已识别风险制定的应对策略是否合理有效,包括风险控制措施是否得当、风险承受能力是否与组织实际情况相符等。同时,还会关注组织是否建立了风险应对预案,以应对可能发生的重大风险事件。

(五)重大经济事项决策及执行情况审计

重大经济事项决策及执行情况审计是一项重要的监督活动,旨在评估领导干部在重大经济决策中的履职情况,确保决策的科学性、合规性和有效性。通过对重大预算管理、重大基本建设、重大采购项目、重大投资项目、重大资产处置以及大额资金运作使用等方面的审计,可以全面揭示和反映领导干部在重大经济决策中的问题和风险。

在审计过程中,需要重点关注决策制度的建立健全情况,包括决策程序、范围、权限和标准的明确规定,以及决策制度是否符合国家法律法规和单位内部管理制度的要求。同时,要审查决策制定及执行过程是否严格遵循规章制度,决策内容是否合规合法,决策程序和权限是否合规,并对执行过程进行有效的监管、评价和纠偏。

对于重大经济决策的执行效果,要关注是否按期完成并实现预期目标,包括数量、质量、成本、功能、效益等各方面的目标和任务。此外,还要关注是否因决策不当或失误造成损失浪费、环境破坏、风险隐患等，并建立健全决策失误纠错机制和责任追究制度。

在审计各类重大经济事项时，需要关注不同领域的特定问题和风险。例如，在重大预算管理方面，要关注预算编制的科学性和预算执行的刚性；在重大基本建设方面，要关注前期管理工作的扎实性和决策程序的健全性；在重大采购项目方面，要关注采购活动的合规性和中标单位的资质能力；在重大投资项目方面，要关注投资决策的科学性和项目执行的效果；在重大资产处置方面，要关注处置程序的规范性和处置结果的合规性；在大额资金运作使用方面，要关注审批决策程序的健全性和资金使用的预期目标实现情况。

（六）财政财务管理情况审计

审计内容涵盖了预算编制与执行、财务真实性、经营发展效益以及合规管理等多个方面。

对于党政工作部门和事业单位，审计关注预算编制的完整性、准确性和细化程度，以及预算调整的合规性。同时，对财政支出的真实合规性进行审查，包括基本支出和项目支出的真实性、合法性，以及"三公"经费和会议费的使用情况。此外，还需关注预算绩效管理的实施情况，确保预算下达及时、考评机制健全，并追究资金使用效益不高的责任。在履行经济责任监督方面，审计会检查被审计单位对下属单位经济管理的严格性和有效性，以及是否存在违规投资获利等行为。

对于企业（含金融机构），审计的重点在于财务真实性、经营发展效益和合规管理。财务真实性审计关注财务报表的真实性、完整性，以及主营业务收入和利润的真实性。同时，审查货币资金、应收账款、存货、固定资产和无形资产等内部控制制度的健全性和有效性。经营发展及效益审计则关注企业的稳健性和可持续性发展，以及主要业绩考核和风险监管核心指标的实现情况。合规管理审计则检查企业在工程项目管理、物资采购、资本运作等方面的合规性，以及金融业务是否符合国家法律法规及监管要求。

通过财政财务管理审计，可以揭示被审计单位在财政财务管理方面存在的问题和不足，提出改进意见和建议，促进被审计单位加强财政财务资金管理，提高资金使用效益，推动领导干部依法履行经济责任。同时,审计结果也可以为政府决策提供参考依据,促进财政财务管理的规范化和科学化。

（七）自然资源资产管理和生态环境保护情况审计

自然资源资产管理和生态环境保护情况审计是一项全面而深入的工作,它涉及对领导干部在任职期间执行自然资源资产管理和生态环境保护责任情况的全面检查与评价。审计内容涵盖了政策执行、法律法规遵守、重大决策审查、目标完成情况等多个方面,确保被审计单位在资源管理和环境保护方面的工作得到有效监督与规范。

在贯彻执行中央生态文明建设方针政策和决策部署方面,审计将关注生态文明体制改革任务的推进情况,确保相关政策得到有效落实。同时,审查国家重大战略发展规划中资源环境要求的执行情况,以及供给侧结构性改革在生态文明建设领域的推进情况。此外,审计还将关注生态文明建设、绿色发展考核在经济社会发展中的权重和作用效果。

在遵守自然资源资产相关法律法规方面,审计将审查和评价被审计单位制定的制度和规划是否合规、有效、及时。同时,关注自然资源开发利用和生态环境保护规划（计划）的制订和审批情况,确保符合法律法规和当地实际情况。此外,审计还将关注重大经济活动或建设项目是否遵守相关法律法规,防止违规审批、出让、出资等行为的发生。

在审查和评价重大决策方面,审计将关注经济决策和资源环境决策是否符合相关规划要求,以及规划、计划的报批、审查或备案情况。同时,关注是否存在与其他规划不协调、不衔接的情况,以及是否存在违规审批环评、放宽或选择性执行产业准入政策等问题。

在完成自然资源资产管理和生态环境保护目标方面,审计将关注约束性指标管理体系的建设及运行情况以及考核目标的完成情况。通过审计,可以揭示被审计单位在资源管理和环境保护方面存在的问题和不足,提出改进意见和建议,促进被审计单位加强自然资源资产管理和生态环境保护工作,推动生态文明建设取得实效。

（八）境外机构、境外资产和境外经济活动情况审计

以中央企业为例,审计的核心目的是确保被审计领导干部严格遵

循国家相关规章制度,规范境外投资和资产管理行为,保障境外资产的安全、完整与保值增值,同时确保中央企业的决策部署在境外得到有效执行。

在境外出资管理方面,审计应关注出资行为的合规性,包括是否遵循了法律、行政法规以及国有资产监督管理的相关规定。同时,要评估出资是否符合国家的经济发展规划、产业政策以及中央企业的发展战略。对于境外出资的决策过程,审计应检查是否进行了充分的可行性研究和尽职调查,并评估了相关风险。此外,还要关注产权的持有情况,确保产权的归属清晰,并依法办理了相关手续。

在境外机构及资产管理方面,审计应关注境外机构的法人治理结构、资产管理制度和内部控制机制是否健全有效。同时,要检查境外机构是否建立了法律风险防范机制,并严格执行了重大决策和合同的审核与管理程序。对于境外资产的兼并重组、股权转让等事项,审计应关注是否经过了社会中介机构的评估和国有资产管理机关的批准确认,以防止国有资产流失。此外,还要关注境外机构的预算管理、资金管理以及重大事项报告制度是否得到严格执行。

在境外投资管理方面,审计应关注是否建立了健全的境外投资管理制度,并关注制度的执行情况。同时,要检查境外投资项目是否符合负面清单管理要求,以及是否按照中央企业的主业选择投资项目。对于境外投资项目的决策过程,审计应关注是否进行了充分的研究论证和尽职调查,并评估了项目的风险和收益。此外,还要关注境外投资项目的跟踪分析和问责制度是否得到有效执行。

(九)党风廉政建设责任和个人遵守廉洁从业规定情况审计

在经济责任审计中,针对落实党风廉政建设责任和遵守廉洁从业规定的审计是一项至关重要的任务。这样的审计不仅是对领导干部经济责任履行情况的全面检查,更是对全面从严治党要求的具体落实。

对于落实党风廉政建设责任情况的审计,应重点关注以下几个方面:一是检查是否建立了有效的党风廉政建设责任制,并明确了各级领导班子和领导干部在党风廉政建设中的具体责任;二是审查是否制定了落实主体责任的清单,并建立了责任传导机制,确保责任层层落实;三是考察是否建立了科学的检查考核机制,对党风廉政建设责任制的执行情况进行定期检查和考核,并将考核结果作为干部评价和选拔任用的重要依据;四是对于在党风廉政建设方面领导不力、职责范围内的不正之风得不到有效治理的领导干部,应依法进行责任追究。

对于个人遵守廉洁从业有关规定情况的审计,应重点关注以下几个方面:一是检查领导干部是否严格遵守中央八项规定及其实施细则精神,是否存在违反作风建设规定的行为;二是对照《中国共产党纪律处分条例》,审查领导干部是否存在违反廉洁纪律的行为,如违规经商办企业、违规持股、违规兼职取酬等;三是关注领导干部是否超标准配备办公用房、用车和运行费用,是否超标准乘坐交通工具,是否违反公务接待管理规定等;四是对于领导干部利用职权为配偶、子女等特定关系人谋取利益的行为,应予以重点关注和审查。

在审计过程中,应坚持问题导向,对发现的问题进行深入剖析,查找原因,提出整改意见和建议。同时,应注重审计结果的运用,将审计结果作为干部评价和选拔任用的重要依据,促进领导干部廉洁从政、依法履职。

(十)以往审计发现问题的整改情况

以往审计发现问题整改情况审计旨在评估被审计领导干部及其所在单位对以往审计中发现问题的整改效果,确保整改措施得到有效落实,防止问题再次发生。

首先,关注整改制度的建立情况,包括检查被审计领导干部是否积极推动整改工作,是否制定或完善了整改管理制度,并确保相关单位和部门的整改职责明确。一个健全的整改制度能够为整改工作提供明确的指导和规范,确保整改措施得到有效执行。

其次,关注整改措施的落实情况,涉及被审计领导干部是否牵头制定了整改方案或计划,并确保制定的措施切实可行。同时,还要关注是否存在对查出问题整改不重视、不部署的情况,以及对措施落实情况的监督和跟踪是否到位。被审计单位是否按要求及时向内部审计机构或业务管理部门报告整改情况,以及整改报告内容的客观性和完整性也是我们需要审查的重点。

最后,对整改效果进行评估,包括检查整改结果是否实现了整改方案或计划确定的目标,以及整改效果是否经过适当评估。同时,还要关注被审计单位是否因整改工作不力而受到外部监管机构的不良评价,以及是否建立了内部审计发现问题整改的长效机制。一个有效的整改效果不仅能够解决当前存在的问题,还能够预防类似问题的再次发生,提升组织的整体治理水平。

第三节　经济责任审计评价与监督

一、经济责任审计评价概述

(一)经济责任审计评价的含义

经济责任审计评价是指对企业、组织或者个人的经济责任履行情况进行审计和评价的过程。它涉及对财务报表、财务管理、资产利用、成本控制、风险管理等方面的审计,以评估被审计单位在经济活动中是否按照相关法律法规、规章制度和约定的责任进行操作、使用资源和处理资金的能力和水平。

经济责任审计评价的目的是确保企业、组织或者个人在经济活动中遵守相关法律法规和约定的责任,并持续改进经济管理水平和经济效益。通过审计评价,可以发现问题、弱点和潜在风险,为决策者提供参考依据,促进经济活动的合规性和高效性。

经济责任审计评价通常由专业的审计机构或者内部审计部门进行,并依据相关的国家或地区的法律、法规和审计准则进行操作。此外,在各国和地区可能还存在一些特定的审计要求和标准。

(二)经济责任审计评价的主体

经济责任审计评价的主体主要包括以下几个方面:

(1)审计机构:由专业的审计机构或者注册会计师事务所承担经济责任审计评价工作。他们具有独立性和专业背景,能够对被审计单位的财务状况、经营情况和内部控制提供客观的评价。

（2）内部审计部门：组织内部设立的专门部门，负责对内部控制系统的有效性和经济责任履行情况进行审计评价。内部审计部门可以保证组织内部的运营符合公司政策、法规和信息披露要求。

（3）监管机构：负责监督和管理特定行业或领域的组织，对其经济责任履行情况进行审计评价。例如，银行业的银保监会、保险业的银保监会等监管机构会对相关金融机构的经济责任履行情况进行监督和审计。

（4）决策者：包括企业高层管理者、政府官员等，他们可能会委托专业机构或内部团队对企业或政府部门的经济责任履行情况进行审计评价，以便了解和改善经济活动的质量和效率。

需要注意的是，经济责任审计评价的主体不限于上述角色，还可以根据具体情况涉及其他相关利益相关方，如股东、债权人等。

（三）经济责任审计评价原则

1. 突出重点原则

经济责任审计评价要抓住主要矛盾和矛盾的主要方面，即对领导干部任期内单位财政收支、财务收支中存在的重点、关键性问题进行评价。这样可以有效利用有限的审计资源，避免浪费。

经济责任审计评价需要进行选择和侧重，将重点放在重大经济活动事项、决策失误或损失浪费等具有重要影响的问题上。这样可以确保审计评价具有针对性和实效性。

经济责任评价在设置评价指标和分值时，应当着重考虑重大经济事项、负有责任的领导干部个人廉洁自律情况等关键内容。这样可以确保经济责任审计评价对其负有责任的情况有所凸显和突出。

2. 客观性原则

经济责任审计评价的客观性原则是为了确保评价结果的准确性、客观性和公正性，避免主观偏见的介入，以科学的方法和立场对经济责任进行评价。

（1）审计人员在评价过程中应以核实无误的会计、统计资料为依据，确保数据的准确性和可信度。这样可以避免因信息不准确而导致评价结果产生偏差。

（2）在评价过程中,应当以相关法律法规为准绳,确保评价结果的合规性和合法性。这样可以保证评价工作的依据具有客观性和权威性。

（3）在衡量被查明的事项时,要与问题发生时的政策、法规、社会环境相联系,兼顾社会效益。这样能够更好地理解问题的背景和影响,做出客观公正的评价。

（4）在评价过程中,应以一分为二的观点从正反两方面分析问题。这样可以避免偏见和主观性的介入,确保评价结果的客观性和全面性。

3. 谨慎性原则

审计人员应持有谨慎、慎重的态度,对审计对象的经济责任进行客观、公正、全面、准确的评价。具体包括以下几个方面:

（1）审计人员在进行评价时应持有慎重态度,不盲目相信或轻易接受表面信息,而是应深入收集、分析和核实相关信息和数据,以获取可靠的评价依据。

（2）审计人员需要以客观公正的立场进行评价,做到真实、实事求是地反映被审计领导干部在经济责任履行中的情况,避免主观偏见的介入,并遵循审计准则和财经法规进行评价。

（3）在评价过程中,审计人员要全面考虑各个方面的因素和影响因素,并综合分析,确保评价结果能够反映被审计对象在经济责任履行中的全貌,避免局限于某一特定方面的评价。

（4）审计人员在评价过程中,应依靠准确可靠的数据、证据和信息来支持评价结论,不信口开河,避免主观臆断或没有充分依据的情况下作出评价,以确保评价结果的准确性和可靠性。

4. 科学性原则

经济责任审计与一般财政收支、财务收支审计不同之处在于对被审计领导干部履行经济责任情况的人格化评价。由于判断被审计领导干部经济责任的好坏往往较为主观和复杂,科学性原则要求审计评价应充分考虑不同因素,并采用科学有效的方法和指标体系进行评价。

为了提高经济责任审计评价的科学性,需要建立健全一套科学的经济责任评价量化指标体系。通过明确的指标和权重,将被审计领导干部履行经济责任的情况划分为不同档次或等级,使评价结果更具客观性和可比性。

为了简化和清晰地呈现被审计领导干部的经济责任履行情况,可以采用百分制考核的方式。通过百分制的分值来对被审计对象的经济责任进行评估,并设定不同的评价档次来度量其履职情况,使评价结果更易理解和应用。

科学性原则要求审计评价结果具有可理解性和可操作性。通过建立科学的指标体系和明确的评价档次,评价结果更易于被组织人事等有关部门理解和运用,也能够帮助被审计对象更好地理解审计结果,避免审计专业术语造成困惑。

5. 历史性原则

审计评价过程中需要考虑当时、当地的经济环境和历史条件。只有了解当时的政治、经济、社会背景,才能正确判断被审计领导干部所承担的经济责任和可操作性。

在评价被审计领导干部经济责任时,需要划清前任与后任的责任边界。不能将前任的成就或问题完全归咎于当前领导,也不能将当前存在的问题全部归责于前任领导,应根据实际情况进行综合分析和评价。

评价过程中还需区分主观责任和客观责任。主观责任是指领导干部在经济决策和管理过程中的行为和决策责任,而客观责任则是由于外部因素等不可抗力导致的责任。对不同类型的责任要有区别对待,确保评价结果的客观性。

历史性原则要求我们在评价过程中均衡地考虑领导干部的政绩和存在的问题。不能一味夸大或贬低某一位领导干部的成绩或失误,而应全面客观地评价他们的经济责任。

6. 统一性原则

统一性原则强调评价的公正性和客观性,避免个别利益或主观因素对评价结果产生影响。具体来说:

第一,应采用国家标准、部门颁布的标准或全行业统一标准作为评价的依据,确保对同类型被审计单位和同一类型经济事项、问题以统一标准进行审计评价。

第二,严格按照经济责任审计的内容,围绕财政收支、财务收支、资产、负债、损益等进行评价。审计评价必须在审计的职责范围内进行,不超出审计的职能范围。

第三,评价过程中要从经济发展和改革开放的整体利益出发,综合考虑局部利益与全局利益的关系。对于那些损害国家利益、企业集体利益的行为,要通过审计的事实和数据进行揭露和评价,不能给予肯定的评价。

二、经济责任审计评价方法

在选定评价方法时,应根据被审计领导干部的履职特点、岗位性质和实际需要等因素进行综合考虑。

(一)纵向比较与横向比较

纵向比较法主要关注被审计领导干部在其任职期间不同时期的业绩变化。这种方法通过对比被审计领导干部上任时的数据与任职期间的相关数据,可以清晰地展现出其在任期内的工作成果和发展趋势。例如,可以比较上任初期的业绩指标与任期结束时的指标,以判断被审计领导干部是否实现了预期目标,以及其在推动单位发展方面的贡献程度。这种比较有助于揭示被审计领导干部在任职期间为单位带来的增值影响或不利影响,进而确定其工作的主要成绩和不足。

横向比较法是将被审计领导干部的业绩与同行业、同类型单位进行比较。通过收集和分析自然资源禀赋相近、岗位性质相似、行业性质相同的单位的数据,评估被审计领导干部在相同管理环境下的业绩水平。这种方法能够比较客观地反映被审计领导干部的工作成果在行业中的情况,以及其在面对相似挑战和机遇时的应对策略和效果。横向比较有助于发现被审计领导干部在履职过程中的优势和不足,为其改进工作提供有针对性的建议。

在实际应用中,纵向比较与横向比较往往需要结合使用。通过纵向比较,可以了解被审计领导干部在任期内的工作成果和发展趋势;通过横向比较,可以评估其在同行业中的业绩水平。这种综合比较能够更全面地反映被审计领导干部的经济责任履行情况,为审计评价提供更为准确、客观的依据。

（二）定量评价与定性评价

定量评价主要通过数据分析和数量关系的研究，对被审计领导干部的经济责任履行情况进行客观、准确的量化评估。它关注与被审计领导干部经济责任履行情况相关的各种数据指标，如财务指标、业绩指标等，通过对这些指标的分析和比较，得出量化的评价结论。定量评价具有客观性和精确性高的特点，能够直观地反映被审计领导干部在履职过程中的成绩和不足。

而定性评价则主要依赖于审计人员的经验、专业知识以及相关法规、规则和常识，对被审计领导干部履行经济责任情况进行性质上的评价。它关注被审计领导干部在履职过程中的行为、决策、管理等方面的表现，通过对这些方面的深入分析和综合判断，得出定性评价结论。定性评价能够反映被审计领导干部的履职特点、工作风格以及存在的问题和潜在风险，为审计评价提供更为全面和深入的信息。

定量评价与定性评价之间的关系是统一且相互补充的。定量评价为定性评价提供了数据支持和客观依据，使定性评价更加具有说服力和准确性；而定性评价则为定量评价提供了更为深入和全面的分析视角，使定量评价更加具有针对性和实际意义。在实际应用中，审计人员应灵活运用这两种评价方法，根据被审计领导干部的实际情况和审计目标，选择合适的评价方法和指标，以确保评价结果的准确性和有效性。

（三）设置评价指标

在设置评价指标时，需要遵循一系列原则，以确保指标的科学性、实用性和可操作性。

首先，评价指标应简明实用、易于操作。这意味着指标的设计应尽可能简单明了，便于审计人员理解和使用。同时，指标应具有明确的定义和计算方法，以减少歧义和误解。

其次，评价指标必须有准确、可靠的数据来源和支撑。这要求审计人员在选取指标时，要确保相关数据的可获得性和准确性。对于无法获取准确数据或数据来源不可靠的指标，应予以剔除或替换。

此外，评价指标应当与评价的具体内容和事项密切相关，能够反映被审计领导干部经济责任履行情况。这要求审计人员深入了解被审计领导干部的岗位职责、履职特点和所在单位的实际情况，根据具体情况设计有针对性的指标。

在实践中，还需要考虑不同类别、不同级次、不同单位领导干部履职特点、自然资源禀赋等实际情况。这意味着不同单位和岗位的领导干部在评价指标上应有所侧重，以充分体现其履职特点和工作环境。

对于同一类别、同一层级领导干部履行经济责任情况的评价标准指标，应具有一致性和可比性。这有助于在横向比较中准确评估不同领导干部的业绩和表现。

最后，当内外部环境等客观因素发生变化时，应适时调整评价指标。随着时代的发展和政策的变化，一些原有的指标可能不再适用，需要根据实际情况进行调整和优化。

（四）分项评价与总体评价

分项评价是审计工作的基础，它针对不同方面的审计内容进行细致的分析和评价。审计人员通过对财务管理、内部控制、项目管理、资源配置等方面的审查，评估被审计领导干部在这些具体领域的履职情况。分项评价能够深入剖析被审计领导干部在各项经济活动中的表现，揭示存在的问题和不足，为总体评价提供具体的依据。

总体评价则是在分项评价的基础上进行的，它是对被审计领导干部履行经济责任情况的全面概括和综合评价。审计人员通过对分项评价结果的汇总和分析，形成对被审计领导干部在任期内的总体评价结论。总体评价不仅考虑了被审计领导干部在各项经济活动中的表现，还综合考虑了其履职特点、工作环境等因素，以得出更为全面、客观的评价。

在进行审计评价时，可以灵活采用写实评价与分类评价相结合的方式。写实评价是一种描述性的评价方式，它详细记录被审计领导干部在各项经济活动中的具体情况和表现，为决策者提供详细的信息。而分类评价则是在建立完善的审计评价指标体系的基础上，根据被审计领导干部在各方面的表现进行分类判断，如"好""较好""一般""较差"等。这种分类评价方式能够直观地反映被审计领导干部的履职水平，便于进行横向比较和综合评价。

无论是分项评价还是总体评价，都需要审计人员具备丰富的专业知识和实践经验,以确保评价的准确性和客观性。同时,审计人员还需要保持谨慎和公正的态度,避免个人主观因素对评价结果的影响。

三、经济责任审计监督

高校审计部门通常负责监督学校内部的管理层以外的二级学院、部门和单位的负责人,也就是中层干部。高校管理层的经济责任审计由政府审计部门负责。内部经济责任审计是高校通过审计负责人在担任职务期间所承担的管理职责范围内的经济审批以及与经济活动和国家财经法律法规执行有关的事务,进行内部审计的一种方式。这种审计主要通过对经济活动记录的查证来评估被审计人员在承担经济责任方面的情况,并作出相应的评价。

(一)经济责任审计监督依据及范围

在高校内部进行经济责任审计监督必须有监督依据,只有明确监督对象和范围,才能有效地开展监督工作。

1. 经济责任审计监督依据

经济责任审计监督的依据是高校内部分级管理经济责任制度及授权审批管理制度所授予的权限和职责。这些制度规定了高校内各部门、学院和单位的经济管理框架、决策程序和责任分工,为经济责任审计提供了法律依据和规范性要求。

2. 经济责任审计监督对象和范围

经济责任审计监督的对象包括高校部门、二级学院及单位中具有审批权限和经济管理职权的负责人。监督的范围是被审计人员所管理的本部门、本学院和本单位所有审批的经济事项及经济活动。被审计人员应按照授权和相应的经济责任制度进行审批决策和经济管理,审计机构对其进行监督,以确保其审批行为合法合规。

（二）经济责任审计监督程序和内容

由于高校经济责任审计监督的对象是具有一定行政管理权力的特殊群体，经济责任审计监督结果将作为干部考核的一个依据，因此审计监督程序和审计监督内容与一般审计监督有所区别，应重点监督被审计人的经济行为。

1.经济责任审计监督程序

高校经济责任审计监督程序可大致按干部经济责任审计程序进行，由组织部门委托审计部门实施。

（1）委托程序：高校的组织部门会与审计部门进行沟通和协商，确定需要进行经济责任审计的对象和范围。委托书或类似的文件将被制定来明确委托内容、审计期限、报告要求等。

（2）审计规划：审计部门在接受委托后，将制订审计计划（如审计程序和时间表），确定该经济责任审计的重点、范围，以及相关的审计程序和方法。

（3）数据收集与分析：审计部门通过收集和分析相关的经济财务数据、文件和记录，以了解并评估被审计对象在经济责任方面的执行情况。

（4）实地调查与核实：审计人员需要进行实地访查和调查，与被审计对象和相关当事人交流，核实数据的准确性，并了解相关的经济责任执行情况。

（5）发现问题与整改建议：审计部门会整理发现的问题，并提出相应的整改建议。这些问题可能涉及经费使用、财务管理、资产的安全与利用等方面，整改建议有助于高校改进经济责任的履行情况。

（6）监督报告和跟踪：审计部门将编制审计最终报告，并提交给组织部门。组织部门会根据报告的内容和建议，监督被审计对象的整改进展情况，并采取相应行动，确保改进措施得以有效实施。

2.经济责任审计监督内容

审计干部的经济责任：对高校领导干部进行经济责任审计，包括他们在任期内的经济决策、资金使用、资源配置等方面是否合规、合理和有效。

经费使用情况：审计对高校经费的使用情况展开监督，包括财务报表的真实性、资金拨付的合理性、预算执行的合规性以及财务管理的规范性等。

资产管理和利用情况：审计对高校的固定资产、设备物资、土地资源等进行监督，评估其管理、利用和保管情况，防止资源浪费和滥用。

合同执行和采购活动：审计对高校合同执行情况进行监督，确保合同履行的合规性和权益保护，并审查采购活动的公开、透明和效益等方面。

经济责任追究：对经济责任存在问题的高校职工进行责任追究，包括追究责任人的经济损失、失职、渎职等事项，并建议相应的惩处措施。

监督建议和整改跟进：审计报告提出监督建议和整改意见，要求高校及时整改和改进经济责任相关问题，并跟踪监督整改的效果。

经济责任审计监督的重点是被审计人员的审批行为及经济活动的合法性、合理性，这就确保了高校的财务行为遵守法律法规和规章制度，并确保经济决策在效率和效益方面具备合理性。通过强调合法性和合理性，经济责任审计可以帮助高校发现潜在风险和问题，并提出相应的整改建议，以提高高校的治理能力和经济效益。

第四节　高校经济责任审计实践及发展

随着高校治理与管理的不断提升，经济责任审计在高校中的实践和发展也日益重要。高校经济责任审计作为一种重要的监督手段和管理工具，对于推动高校的规范运作、风险防控和绩效提升具有重要意义。经过多年的发展和实践，高校经济责任审计已经成为高校内部监督和外部监管的重要环节。

在高校经济责任审计的实践中，审计机关通过对高校财务、资产、组织等方面的评估和检查，发现潜在的问题和风险，并提出相应的改进建议。通过对高校内部控制机制和财务流程的审查,帮助高校建立健全的管理制度和有效的内部控制,增强高校的风险防控能力。同时,高校经济责任审计还关注高校的合规性和绩效,通过评估高校的经济活动和资源利用情况,提出改进意见,促进高校的经济效益和可持续发展。

为了推动高校经济责任审计的发展,高校需要加强内外部合作,建立信息共享和协作机制,实现资源共享和互利共赢。高校经济责任审计应与纪检监察、财务等部门进行密切合作,共同构建高效的监督体系。同时,高校也应不断提升信息化水平,在审计过程中充分利用现代信息技术,提高审计工作的效率和精确度。

随着高等教育的不断发展和改革,高校经济责任审计作为一种重要的管理工具正日益受到重视。经济责任审计的目标是全面监督、评估和改进高校在财务管理、资产管理、预算执行等方面的责任履行情况,保障高校的经济合规性和运行效率。然而,在实际实施过程中,高校经济责任审计面临着一系列挑战和问题。本节旨在探讨高校经济责任审计的提质增效发展实践,以解决当前存在的难题并推动审计工作的进一步完善。

一、高校经济责任审计工作中的难点

(一)评价标准未细化,评价指标单一

现有的经济责任审计评价标准较为宏观,未细化到不同部门和岗位的具体职责,导致评价指标较为单一。高校各部门承担的经济责任各不相同,使用统一的评价指标难以准确体现各个部门的特点和职责差异。导致对于具体问题的评价可能过于笼统或者不够细致,从而无法全面、准确地评估各部门的绩效。

(二)审计覆盖面不足,审计方法滞后

高校经济责任审计由最初的财务收支合规性发展到更广泛的领域,但还存在一些未被完全纳入审计范围的重要领域。导致潜在的风险和问题未能得到充分审计和监控,影响高校整体的经济责任履行情况。

随着审计维度的增加,审计方法和手段需要及时更新以适应新的审计要求。然而,目前在高校实际的审计工作中审计手段相对原始,未能充分应用现代审计技术和数据分析方法。导致审计效率较低,审计结果的准确性和全面性有待提高。

在高校审计工作中,取得审计证据的渠道相对较单一,主要依赖与被审计领导干部的访谈沟通。这种方式虽然能够获得部分信息,但对涉及具体业务方面的了解相对较少,导致审计结果缺乏全面性和深入性。

另外,高校在收集审计资料方面存在一些难点。一方面,高校采用开放审计权限的、能够实现贯通业务平台的情况较少,不同系统之间的数据共享和整合相对困难,影响了审计资料的收集和分析。另一方面,由于审计资料的可比性差,很难进行有效的横向和纵向比较,使审计结果的准确性和客观性受到一定的限制。

(三)内审力量薄弱,社会审计力量调动不到位

在高校中,内部审计部门面临审计任务重、力量不足的问题。由于高校经济责任审计任务涉及的领域广泛,内审部门往往难以独自完成,特别是在离任审计中需要审计多个被审计领导干部的情况下。为了弥补内审部门力量不足的问题,高校通常会通过联合社会审计力量来完成审计任务。然而,由于社会审计力量对高校内部运行管理机制不够了解,他们无法准确把握审计实施的重点,导致审计要求与审计结果之间存在差距,即所谓的"两层皮"问题。

(四)审计整改缺乏联动,会商机制作用发挥不充分

在高校经济责任审计中,常常以领导干部个人为审计对象,审计问题的整改主体通常是被审计单位,但有些问题涉及多个部门的责任和合作。然而,在实际的整改过程中,由于缺乏联动机制,各部门之间的沟通和协调不充分,导致问题整改无法根本解决。

高校通过经济责任领导小组或联席会议等会商机制,各相关职能部门可以共同研究审计发现的问题,并提出整改建议。然而,在实践中,会商往往只停留在商讨问题的阶段,缺乏决策和行动的推动,特别是对于疑难问题的整改,进展较为缓慢。

二、高校经济责任审计提质增效发展实践探索

（一）多措并举提升审计工作效能

1. 树立审计全局观念

审计工作人员要树立审计全局观念，站在全校的角度思考问题，将领导干部履职情况与学校整体规划实施统筹考虑。运用全局眼光判断问题，揭示学校运行存在的风险，并区分问题的个性、共性和趋势性，对学校进行综合性的审计。

2. 推行任中经济责任告知

这样做旨在及时发现和解决领导干部在任职期间存在的财务管理不规范、内控制度不健全、执行不到位等问题，提升被审计单位的配合度，提高审计效率，增强审计结果的运用，为科学选人用人提供参考依据，并最终提升整改成效，发挥审计监督作用。

3. 强化审计政策宣贯

加强审计政策的宣传，通过内审部门组织审计进点会，邀请被审计职能部门全员、学院行政人员和教师代表参加。同时，利用多种渠道如网站、微信公众号等发布审计案例，加强相关信息的宣传，扩大审计监督理念的影响力和覆盖面。

（二）多管齐下提高审计工作质量

1. 个性化制定审计方案

除了综合考虑被审计单位的各项情况外，内审部门可以根据特定问题、风险和需求，灵活调整审计方案的内容和重点。例如，对于涉及财务管理的领域，可以加强内部控制、预算执行和成本管理等方面的审计内容。

2. 加强审计项目统筹

内审部门应根据学校的发展需求和管理重点,制订全面的审计计划,并明确不同审计项目的时间节点和工作分工。同时,制订中期审计规划,对学校关键领域进行多次阶段性审计,以确保审计工作的连续性和高效性。

将领导干部经济责任审计作为重点项目进行突出安排,确保对领导干部的经济责任履行情况进行全面监督和评估。通过审计对领导干部的经济责任进行有效的监督,有助于提升他们的管理水平和履职能力,推动学校经济管理水平的持续提升。

在审计计划和资源配置中,适度结合经济责任审计与其他审计项目,如专项资金审计、预决算审计、绩效审计等。通过合理组合这些审计项目,既有效利用有限的审计资源,又能够全面覆盖学校的关键领域和重点环节,实现审计监督的全覆盖。

通过统筹安排和合理计划,避免审计工作的重复、交叉和冗余,提高审计工作效率。同时,及时调整和优化审计资源的配置,确保审计项目的质量和效益。在有效控制审计成本的基础上提升审计工作的价值和意义。

3. 优化审计重点环节

通过优化审计重点环节的措施,能够充分发挥审计组的作用,提高审计工作的效率和质量。

学校内审人员可以与社会审计力量进行合作,组成审计组。通过内外部资源的互补,能够发挥各自的优势,提高审计工作效率和质量。根据被审计单位的特点和审计需求,合理配置审计组的人员,确保审计组内人员具备相关专业知识和经验,全面了解被审计单位的业务和风险,并提供准确的审计意见和建议。

审计组针对每个审计项目,应制定包含审计流程、审计内容、审计抽样范围等详细的实施方案。该方案应基于内控风险评估情况,明确审计重点和审计方法,以确保审计工作的针对性和全面性。

审计组要定期向内审部门汇报审计进展情况,包括已完成的工作、存在的问题和待解决的风险等。内审部门可以根据汇报情况进行动态监督,及时调整审计重点和修订实施方案,确保审计工作的顺利进行。

4. 严格审计程序执行

根据学校各二级单位的实际情况,审计组要公平合理地分配审计资源,避免偏向性分配。对经费多的单位,要确保审计工作不局限于经费收支审计,还要关注业务管理、程序决策等方面;对经费少的单位,要重点关注内部管理、经费使用效率、预算管理等方面,确保审计的全面性和公正性。

内审部门应加强对审计工作的监督和指导,确保审计组严格按照审计程序执行。对审计过程中存在的问题和盲区,及时进行纠正和补充。同时,内审部门可以提供相关的培训和指导材料,帮助审计组全面了解和掌握审计程序的要求。

审计组在执行审计工作时要始终坚持不简化、不漏步的原则。按照规范的审计程序,全面收集、分析和评估相关证据,确保审计结果的准确性和可靠性,避免在审计过程中出现疏漏或遗漏关键环节,以充分发现潜在风险和问题。

（三）多层次改进审计工作方法

1. 探索运用风险导向审计思维

审计组要将风险导向的审计思维应用到工作中。通过关注部门风险点防控,梳理制度盲区、评估内控执行情况,能够准确把握被审计部门的风险点,形成审计证据留存,确保经济责任审计工作的针对性和有效性。

2. 合理利用社会审计力量

学校可以考虑委托社会审计机构进行审计服务,优先选择具备实力和经验的审计机构和人员。制定委托社会审计机构管理办法,明确委托形式、方法和程序等制度规范,确保审计工作的规范性和质量。同时,在审计实施过程中要与社会审计力量进行统筹协调,形成合力,提升审计的效果和价值。

3. 细化审计评价指标

审计组在对被审计领导干部进行审计评价时,要全面覆盖资金使用、资产管理、内部管理、工作成效、廉洁从政等方面。根据被审计单位的业务特点,细化评价指标,坚持全面客观的原则,注重定性和定量评价相结合,科学界定责任,提高对领导干部综合评价的准确性。

4. 提升内审人员素质

内审部门要注重内审人员的综合素质培养。通过开展业务培训、组织研讨交流、以审代训、参与巡视巡察等方式,完善内审人员的知识结构,提升他们的政治能力和专业能力。只有内审人员具备较高的素质,才能更好地开展审计工作,提供准确可靠的审计结果。

(四)多维度加强审计结果运用

1. 建制度促整改

学校可以通过制定内部审计整改工作办法,明确经济责任审计的整改要求,包括对审计问题的识别、整改计划的制订、整改进展的跟踪评估等方面的规定,以确保整改工作有明确的指导和执行标准。

学校可以设立专门的整改工作小组,由相关部门和岗位责任人组成,负责统筹协调整改工作。同时,建立定期汇报和评估机制,追踪整改进展情况,及时发现和解决问题,确保整改工作的顺利进行。

在整改过程中,明确整改责任和任务分工,确保每个责任单位和责任人真正担负起整改的责任。同时,加强内部沟通和协作,推动整改工作的高效推进。

一旦整改完成,学校内部审计部门要对整改结果进行监督和评估,与被审计单位进行沟通和交流。这样有助于加强对整改成果的教育和督促,促使被审计单位进一步改进管理和工作,以提高整改效果和可持续发展性。

2. 以问题促优化

学校可以设立经济责任审计联席会,以此作为一个平台加强各职能部门之间的协作和沟通。审计过程中发现的共性或疑难问题可以通过联席会进行讨论和解决,形成问题集中、整体解决的效果。

经济责任审计联席会可以与财务、资产、组织、投资等相关部门进行定期会商,就审计过程中发现的问题进行深入的探讨和研究。会商的目的是共同分析问题产生的原因,提出相应的解决措施。

经过问题会商,联席会可以对问题提出具体的意见和建议。这些意见和建议可能涉及改进现有制度、优化流程、加强内部控制等方面,以促进学校治理能力的提升。

经济责任审计联席会应积极推动意见和建议的落实。通过与相关部门的合作,确保问题解决措施的有效实施并跟踪评估其效果,促进学校在治理方面的不断优化和改进。

3."三张表"促成效

学校内审部门积极探索创新经济责任审计的"三张表"应用,可以在审前调查、整改跟踪和成果分析等方面取得更好的成效。

"一部门一信息表":这是在审前调查阶段实行的表格,用于梳理和汇总各部门的相关信息。通过填写和收集信息,可以全面了解被审计单位的情况,包括财务、资产、组织等方面,有助于审计组在审计过程中有针对性地开展工作,提高审计效果。

"一问题一挂号、销号清单表":这是在整改阶段实行的表格,用于记录审计发现的问题、整改进展和结果。每个问题都被挂号,整改工作进行时进行跟踪,确保每个问题都得到解决并及时销号。通过清单表的使用,确保整改工作的系统性和全面性,提高整改效果。

"一年度一总结表":这是在审计总结阶段实行的表格,用于对整年度的审计工作进行总结和归纳。通过填写总结表,审计组可以对审计结果进行分析和评估,总结经验教训,提出改进意见,进一步优化审计工作的方法和流程。

这些表格帮助内审部门更好地梳理信息、追踪整改、总结经验,加强对学校治理和风险防控工作的监督和推动。同时,有助于形成规范的审计流程和工作规范,提升经济责任审计的专业性和标准化水平。

4. 加强监督聚合力

将经济责任审计与巡察工作有机结合,可以强化监督聚合力,促进学校内部的监督工作协同发力。

第一,内审部门与纪检、巡察部门之间建立信息共享和结果共用机制。通过共享审计发现的问题和整改情况,巡察部门可以更好地掌握被审计单位存在的问题和违规行为,开展更有针对性的巡察工作。同时,纪检、巡察部门也可以反馈监察结果和处理意见给审计部门,以增强问题解决的全面性和深入性。

第二,实现审计工作与巡察工作贯通。内审部门与纪检、巡察部门之间建立定期沟通和联席会议机制,推动审计工作与巡察工作的贯通。定期的沟通交流可以互相了解工作进展和重点方向,形成协同合作,实现监督工作的互补和加强。

第三,加强业务培训与交流。内审部门与纪检、巡察部门之间开展业务培训和研讨交流活动,提高各自职能部门的专业素养和业务水平。通过互相学习和借鉴经验,可以优化工作方法和效果,推动学校内部监督工作的效能提升。

第五章

高校绩效审计理论与实践

第一节　绩效审计概述

一、绩效与绩效审计的内涵

（一）绩效

绩效一词源于管理学,英文为 Perfbrmance。词义主要指成绩和功效,包含三个方面的内容：经济性、效率性和效果性。

从经济角度来看,绩效涉及投入和产出的关系。投入包括资源、资金、时间和努力等,绩效的产出则是为了实现目标所获得的成果。在这一视角下,绩效包括经济成本的降低程度,即以最少的投入获取最大的产出。

从社会角度来看,绩效与社会分工和责任有关。每个人在社会中都扮演着特定的角色和职责,并且他们的绩效是确保社会正常运作的要素之一。每个人的绩效对于整个社会的良好运转和发展都至关重要。

从管理角度来看,绩效涉及个人和组织两个层面。个人绩效是组织绩效的基础,但仅依靠个人绩效并不能确保组织的成功。组织绩效是通过个人的合作和协同努力实现的,包括组织为实现不同层次目标而进行的投入以及所期望的有效输出。

绩效还反映了一种对等承诺关系。当个人加入组织时,他们承诺按照组织的绩效要求工作,并期望得到相应的回报。这种对等原则也符合市场运营中的基本原则。绩效是个人和组织共同努力的结果,它对于实现个人和组织目标、推动社会持续发展具有重要意义。

（二）绩效审计

绩效审计没有单一的定义,不同国家对绩效审计的称谓也存在差异。然而,核心内容都是围绕经济性、效率性和效果性展开的。

国际上最权威且被公认的绩效审计定义来自最高审计机关国际组织(INTOSAI)。它将绩效审计定义为:对被审计单位使用资源以履行其职责的(economy)、效率性(efficiency)、效果性(effectiveness)进行审计。

在适应当前变化环境的情况下,绩效审计也在不断更新。从最初的3E发展到目前的5E,新添加了环境性(Environment)和公平性(Equity)的内容。这意味着绩效审计的考量不仅涉及经济性、效率性和效果性,还考虑到了对环境的影响和公平性。

绩效审计的概念可以理解为一个框架结构,包括主客体、审计目标、审计职能和范围等。审计主体通常是审计机关,有时也会涉及民间的审计中介机构。审计客体处于机构和项目之间,可以是特定的组织、活动或项目。绩效审计的职能主要包括监督和评价工作,以确保资源有效利用和绩效改进。绩效审计的范围非常广泛,涵盖机构绩效审计和项目绩效审计等不同方面。

二、绩效审计的特点

绩效审计作为一种较高层次的审计活动,具有以下特点:

(1)审查范围的广泛性:绩效审计的对象不仅包括政府部门及其所属单位,还包括其他使用公共资金的单位。审计范围覆盖面广,可能同时涉及多个单位和各项业务活动。

(2)评价标准的多样性:由于缺乏固定的法律制度或指标作为评价标准,绩效审计需要根据具体情况选择不同的评价标准。绩效既包括经济效益,也包括社会效益,评价标准可以是经济指标、价值指标或定性标准等。

(3)审计方法的灵活性:绩效审计采用灵活多样的审计方法,包括分析法、论证法、评价法等。审计师需要根据被审计单位或项目的不同,制订相应的审计方案,并选择合适的审计方法进行评价。

(4)审计过程的延续性:因为某些绩效无法立即显现,需要经过一段时间才能体现。绩效审计的过程通常是连续的,需要进行追踪审计,对滞后性效益进行审查,以全面评价被审计单位的绩效。

(5)审计结论的建设性:绩效审计通过全面评价和分析经济活动和

业务活动的绩效,揭示问题所在,并向被审计单位提出具有建设性的改进建议和措施,帮助其进一步提高绩效。

三、绩效审计的基本目标

绩效审计的基本目标是发现问题、分析问题,提高效率和增强效果,为被审计对象提供建议和意见,同时向社会提供独立的、全面的信息,推动被审计对象的持续改进和提高。

发现问题和分析问题:绩效审计应该在了解和发现问题的基础上,注重对问题的分析。审计人员通过全面评价被审计对象的业务活动和管理方式,指出问题所在,找到低于同行业工作成果的因素,分析问题的原因。

提高效率和增强效果:绩效审计旨在评价和分析被审计对象的绩效,着眼于提高效率和增强效果的途径。审计人员不仅要审查财务收支情况,还要关注被审计对象的整体业务活动、经营策略和管理方式的经济性和有效性。

提供建议和意见:通过与社会公认的行业标准进行比较,绩效审计分析存在问题的原因,提出加强财务控制、提高经济效益的建议和意见。审计人员帮助被审计对象寻找解决问题的措施,为其提供改进财务管理和经营策略的依据。

提供独立信息:绩效审计的结果应当综合反映成果和质量、风险和发展性等方面,向社会公众和投资决策者等提供独立的信息。这些信息有助于促进被审计对象在经济运行方式、资金使用和管理、资源利用等方面达到经济性和有效性水平。

第二节 绩效审计的程序与内容

一、绩效审计的程序

绩效审计程序与传统审计程序基本相同,一般经过准备阶段、实施阶段、报告阶段与后续阶段四个阶段,但绩效审计有其自身的特点,每个阶段的具体内容因审计项目不同而有所差异。

(一)准备阶段

绩效审计准备阶段的主要工作内容包括以下方面:

年度绩效审计计划:根据绩效审计机构或部门的需求和规划,制订年度绩效审计计划。该计划将确定需要审计的组织或项目、审计时间表和资源分配等关键信息。

分析绩效审计领域,选择和确定审计对象:对待审计的领域进行深入分析,确定绩效审计的焦点和重点。根据目标、重要性、风险和其他因素,选择合适的审计对象,如特定部门、项目或政策。

建立绩效审计项目:针对选定的审计对象,建立相应的绩效审计项目。明确审计的目标和范围,制订审计任务书或授权文件,确保审计的合法性和合规性。

开展审前调查与风险评估:进行审前调查和风险评估,了解审计对象的背景、管理体系和风险情况。收集相关文件和数据,与相关部门和人员进行沟通和交流,为审计工作做好充分的准备。

制定审计方案:根据审计目标和范围,制定绩效审计方案,确定审计方法和技术,制订审计程序和指标体系,确保审计的科学性和严谨性,为后续的审计工作提供明确的指导。

确定绩效审计项目计划:基于审计方案,制订绩效审计项目计划,确定审计的时间表、资源需求和工作安排,确保审计进程的合理性和高效性,以及团队成员的协同配合。

通过这些工作内容的扩充性阐述,绩效审计在准备阶段将进行年度计划的设计、审计对象的选择和确定、审前调查与风险评估、审计方案的制订,以及绩效审计项目计划的制订等。这些工作将确保审计的目标明确、风险可控、计划合理,并为后续的审计工作提供有力支持,以有效推动绩效审计的实施和取得良好结果。

(二)实施阶段

绩效审计的实施阶段可以分为三个主要步骤:收集审计证据、分析评估审计证据并得出审计结论、找出需要改进的地方并初步形成审计建议。

首先,在收集审计证据阶段,审计人员需要充分了解和掌握被审计单位或项目的基本情况,包括相关法规、协议、工作目标或项目目标、内控制度等。同时,需要收集审计所需的各种证据,涉及审阅相关文件、观察实际操作、进行调查访问等手段。审计人员应根据审计目标,收集充分、可靠、相关和有用的证据。

其次,在分析评估审计证据并得出审计结论阶段,审计人员对收集到的审计证据进行详细地评估和分析。涉及指标测算分析和评价,采用管理学、统计学、计量经济学、数学和计算机等相关学科的方法进行分析。审计人员需要与被审计单位进行交流,总结、评价和分析全部证据,以得出审计结论。

最后,在找出需要改进的地方并初步形成审计建议阶段,审计人员根据审计结论,识别出被审计单位或项目存在的问题和改进的空间。在初步形成审计建议的过程中,审计人员可以提出具体的改进措施和建议,以便帮助被审计单位或项目改进经营管理、提高经济效益、控制和降低风险。

需要注意的是,绩效审计实施阶段的以上三个步骤的划分并不是绝对的,它们之间可能存在相互交叉和迭代的情况。例如,在分析评估证据时发现证据不够充分,可能需要回去补充收集证据。同样地,在考虑形成审计建议时发现证据不足或分析不当也需要回头重做。审计人员需要灵活应对,根据具体情况进行调整和优化,以达到最终的审计目标。

（三）报告阶段

审计实施完毕以后,审计机关和审计组应该依照国家审计准则的要求编制和提交审计报告。

第一,审计人员根据审计证据分析评价的结果形成审计结论。这是在详细审查、分析和评估审计证据的基础上得出的结论,包括对被审计单位或项目存在的问题、风险和改进空间的总结。

第二,审计人员按照国家审计准则的要求编写绩效审计报告。报告内容应包括审计目标、审计范围、审计方法、审计程序、审计结论等信息。报告中应客观、全面地介绍审计发现和审计评价,提供清晰明确的意见和改进建议。在报告形成之前,审计人员通常与被审计单位进行充分意见交换,并落实审计发现,包括与被审计单位的负责人和相关部门讨论审计结论和建议,征求他们的意见和看法,确保报告的准确性和可操作性。

绩效审计报告的编写一般需经过几个步骤,包括撰写初稿、征求意见、修改和编写正式报告。审计人员根据与被审计单位的交流和对结论的综合分析,对报告进行适当调整和修改,以确保报告的准确性和可读性。

（四）后续阶段

绩效审计的后续阶段非常重要,包括跟踪监督检查和全面总结经验教训两个方面:

第一,跟踪监督检查阶段是对绩效审计报告的执行情况进行监督和评估的过程。在这个阶段,审计人员需要确认审计影响,跟踪审计报告,促进审计建议的有效落实。他们会核实被审计单位是否采取了积极措施来贯彻审计决定、意见和建议,对其执行情况进行评价和反映。通过跟踪监督,审计人员可以了解被审计单位在改进工作方面所取得的进展,发现问题和障碍,提供支持和帮助,促进审计报告的有效执行。

第二,绩效审计的后续阶段还包括对审计质量的检查评价和对经验教训的总结。审计人员将采取事后监督等措施,对自己的绩效审计工作进行监督和评估。他们会检查评价审计质量,确保审计过程和结果的准确性和可靠性。同时,审计人员还将全面总结经验教训,回顾整个审计过程,分析审计中存在的问题、不足和需要改进的地方,以提高绩效审计的质量和效果。

通过跟踪监督检查,审计人员可以推动审计建议的有效落实,确保审计报告的实际影响力。同时,通过检查评价审计质量和总结经验教训,审计人员可以进一步提升绩效审计的水平和质量,为社会提供更加有益的审计服务。

二、绩效审计的内容

根据前面绩效审计的定义可以看出,其主体内容应该是经济性、效率性和效果性,生态性和公平性也逐步进入绩效审计的范围。

(一)经济性审计

经济性是指在资源有限的情况下,达到特定目标或完成特定任务所需要的成本最低。它主要关注资源的有效利用和成本的节约,以使组织或活动的效益最大化。

(1)经济性要求合理地规划和配置资源,包括人力、财力、物质资源等,以最大程度地发挥其效能,并提供所需的产品和服务。

(2)经济性追求在实现目标的前提下,以最小的成本完成任务。它涉及有效地利用资源,减少浪费和不必要开支,以及通过成本控制和效率提升来降低成本。

(3)经济性要求将资金用于最有价值的地方,以获得最佳的效益,包括投资决策的合理性、资金的流动和运作方式的优化。

(4)经济性考虑将项目未来的收益与所需的成本进行比较,以确定其投资回报率和盈利能力,评估项目的经济可行性。

与之相对应,经济性审计的主要内容就是:

第一,审计人员会对组织的资金来源和筹集方式进行审查,评估资金的获得是否合法、透明,经济性是否高效,如审查资金的筹集成本、借款利率等。

第二,审计人员会审查组织对人力、财力和物质资源的使用情况,包括人员配备是否合理、资金使用是否高效、物资和设备的使用是否符合成本控制原则等。审计人员将评估资源的使用效益,寻找资源的浪费和不必要支出,提出改进建议。

第三,审计人员会审查组织的成本控制措施,包括预算编制和执行情况、成本分析和成本效益分析等。他们将评估组织的成本管理水平,寻找可能存在的控制缺陷和成本超支的情况,提出改进建议。

第四,审计人员会对组织内部不同部门或类似组织之间的经济性进行比较。他们将评估资源使用的差异,寻找低效和高效的区域,提出优化资源配置的建议。

（二）效率性审计

效率性是指在资源有限的情况下,以最低的资源投入达到最大的产出。它关注资源利用的效果和效率,即在给定的资源条件下完成任务或达成目标所需的时间、成本和努力。因此,效率性审计就是指用来评估组织或特定业务活动的效率和资源利用情况,具体包括如下几点:

第一,工作流程评估。审计人员会审查组织的工作流程,分析各个环节的时间和资源消耗。他们会寻找潜在的瓶颈和低效环节,提出改进建议,以提高工作流程的效率。

第二,资源利用评估。审计人员会评估组织对人力、财力和物质资源的利用情况。他们会分析资源的分配是否合理、使用是否高效,并寻找可能存在的浪费和不必要的支出。

第三,产能和生产效率评估。审计人员会评估组织的产能利用率和生产效率。他们会分析生产过程中的效率瓶颈和资源浪费,提出改进建议,以提高生产效率和产能利用率。

第四,绩效指标的制定和监测。审计人员会帮助组织制定合适的绩效指标,进行定期监测和评估。他们会分析绩效指标的达成情况,识别问题和改进机会,以及提供建议和措施来提高效率。

（三）效果性审计

效果性是指组织或项目达到预期目标的程度和质量。效果性审计是一种评估组织或项目实现目标的程度和质量的审计方法,主要关注所实施活动的结果和影响,以及与预期目标之间的符合程度。

效果性审计通常包括以下内容:

第一,目标设定和评估。审计人员会评估组织或项目的目标设定过程是否明确、可衡量和合理,评估目标的重要性和相关性。他们会对已实现的目标进行评估,并与设定的目标进行比较,以确定实现程度。

第二,成果评估。审计人员会对组织或项目的成果进行评估。包括已完成的工作、项目成果、产品或服务的质量和数量,以及对受益人或利益相关者的影响等。审计人员会检查成果的可量化和可衡量性,评估其与预期成果之间的符合程度。

第三,效益评估。审计人员会评估组织或项目的效益,即目标实现所产生的经济、社会和环境效益。他们会分析目标实现对组织或社区的影响,如财务收益、就业机会、改善生活质量等,评估其可持续性。

第四,成果评估方法。审计人员会使用不同的评估方法和指标来评估目标实现的情况,如定性和定量分析、问卷调查、案例研究等。他们还会考虑影响因素和外部环境的变化,以评估目标实现的质量和可持续性。

第三节　高校绩效审计评价体系构建

一、高校绩效审计评价指标的内容和特点

(一)高校绩效审计评价指标的内容

根据绩效审计的总体指标内容,高校绩效审计的总体指标可以归为三大类,即经济性指标、效率性指标和效果性指标。

1. 经济性指标

高校绩效审计的经济性指标大致包括以下内容:

第一,教育资金的使用效率。评估高校对教育资金的使用情况,包括拨款和财政拨款的使用效率,是否符合预算计划,以及是否存在浪费和不必要支出。

第二,人力资源的利用效率。评估高校对人力资源的配置和利用情况,包括教师、行政人员和技术人员等人员的数量和配置是否合理,是否存在人力资源的闲置或不足问题。

第三,物质资源的采购和使用效率。评估高校对房屋、设备、图书等物质资源的采购和使用情况,包括采购过程是否透明、合规,采购成本是否节约,物资使用是否合理和维护情况等。

第四,财务管理及信息披露的透明度。评估高校的财务管理和信息披露是否符合相关法规和规定,财务报表和预算执行情况是否真实可靠,是否有健全的内部控制和监督机制。

第五,管理控制系统的健全性。评估高校行政管理部门是否建立了科学完善的管理控制系统,包括预算控制、采购管理、人力资源管理等方面的规章制度和控制措施。

2.效率性指标

高校绩效审计中的效率审计主要关注学校资源的利用效率和投入与产出的对比关系,以实现同样的教育质量下资源占用和消耗的最小化。这些指标包括:

(1)评估高校学生人数与教师数量的比例,反映师生配比是否合理。较高的师生比可能会影响教学质量,适当的师生比可以提高教学效率。

(2)学生毕业率和学业进展情况:评估高校学生的毕业率和学业进展情况,即学生在规定的学制内顺利毕业的比例。较高的毕业率和学业进展情况显示高校的教学质量和学生支持体系的有效性。

(3)教学资源使用效率:评估高校的教学资源利用情况,如教室、实验室、设备等的利用率和使用效率。高校应充分利用现有资源,防止资源的浪费和闲置。

(4)行政资源利用效率:评估高校的行政资源利用情况,包括行政人员的数量和配置是否合理,行政服务的效率和质量等。高校需要合理配置行政资源,提高行政服务的效率和质量。

(5)教学和科研成果产出:评估高校在教学和科研方面的成果产出情况,如科研项目数量和质量、论文发表情况、教学成果奖等。高校应鼓励教师积极参与科研和教学工作,提高产出效率。

通过对以上指标的评估,可以帮助学校管理层识别资源利用效率问题,采取相应的措施来优化资源配置和提高效率。

3.效果性指标

高校绩效审计中的效果性指标大致包括以下内容:

学生满意度调查:通过对学生进行满意度调查,了解他们对教学质量、课程设置、教师素质、学习资源等方面的满意程度,以评估高校的教学效果。

就业率和毕业生流向：评估高校毕业生的就业情况和在职业发展中的表现，包括就业率、就业行业和职位分布、薪酬水平以及对母校的认可程度等。

科研成果数量和质量：评估高校科研活动的成果产出，包括科研项目数量、发表论文的数量和影响力、取得的专利和成果转化等。

教学质量评估：评估高校的教学质量，包括教学评估结果、教学奖项和荣誉、教学改革和创新成果等。

社会声誉和知名度：评估高校在社会中的影响力和知名度，包括学校的品牌形象、在各类排名中的排名情况、社会评价和认可程度等。

（二）高校绩效审计评价指标的特点

1. 模糊性

高校的教育效果往往包含了学生的综合素质、专业知识、技能和道德品质等方面的培养结果，这些很难通过具体的数量来准确地衡量。在这种情况下，确实需要采用定性指标来对高校的效果性进行评估。这些定性指标可以是基于调查和观察得到的数据，审计人员可以从学生、教师、雇主和社会等多个角度收集信息，以获取对高校效果性的主观评估。同时，在评估时也要考虑到评估人员的主观因素，尽可能减少不确定性和模糊性所带来的影响。此外，与定性指标相结合的定量指标也可以用于辅助衡量高校教育效果的特定方面，以提供更加全面和客观的评价。

在实际工作中，绩效审计评价指标需要"定性和定量指标相结合"，综合考虑来自不同来源的数据和信息，以最大限度地减少不确定性，提供更全面、客观和可靠的评估结果。这样可以更好地反映高校效果性的实际情况，为后续改进和优化提供有意义的指导。

2. 长远性

绩效审计评价指标应具有长远性和延伸性，以反映高校活动的效益长远性，包括关注学生整体素质和行为品格的发展，适时跟踪学生毕业后的职业发展和社会认可，也要充分考虑到高校在科学研究、学术声誉和社会贡献等方面的长期影响。通过这样的长远性评价,可以更全面、准确地了解高校的绩效和贡献,为高校的可持续发展提供有效的参考和指导。

3. 宏观性和间接性

首先,高校所提供的劳动成果包括培养社会所需要的专门人才以及产生自然科学和社会科学的研究成果。这些成果的效益不仅仅体现在各个学术领域内,更重要的是对社会的广泛影响。优秀的专门人才能够为社会的发展作出贡献,科学研究成果则可以推动技术进步和社会进步。这种宏观效益需要通过评估学生就业情况、专利数量、科研项目成果的应用情况、学术声誉等方面的指标来进行综合评价。

其次,高校产生的效益往往是潜在的,需要经过一定的转换形式和时间才能间接地表现出来。例如,优秀的毕业生可能在工作中创造经济效益和创新成果,但这需要一段时间来实现。科研成果也可能需要一定时间才能被应用于实际生产和社会发展。因此,评价高校绩效的指标需要考虑这种间接性,跟踪学生毕业后的表现和科研成果的转化情况。

最后,高校的宏观效益还可以通过评估社会认可度、社会贡献和校友回馈等方面的指标间接反映出来。在设计评价体系指标时需要将高校绩效的宏观性和间接性考虑在内。

二、高校绩效审计评价指标体系的评价原则

(一)定性分析和定量分析相结合原则

绩效审计的评价指标既包括可以量化的指标,也包括难以量化的指标,这是因为高校的教育工作涉及多个方面的效益,无法简单用数量来衡量。

定量分析主要关注可量化的指标,通过统计数据和指标的量化分析来评估高校各部门经济活动的运行效果。例如,学生就业率、科研项目数量、科研成果发表数量、校友捐赠金额等,这些指标可以直观地反映出高校在一定时间段内所取得的数量成果。

定性分析更注重对难以量化的指标进行评估,涉及高校的教学质

量、学术声誉、社会影响力和综合素质的提升等方面。定性分析可以通过专家评估、问卷调查、访谈和案例分析等方法，从多个维度来考察高校工作的质量和成果。

在实际应用中，采用定性分析和定量分析相结合的原则可以弥补各自的局限性，更全面地评价高校的绩效。通过综合考虑定量和定性指标，可以更客观和准确地了解高校在教学、科研和人才培养等方面所取得的效果和贡献。同时，需要根据不同指标的特点和权重进行合理的权衡和比较，以形成更综合的评价结果。

（二）全面性与代表性相结合原则

全面性与代表性相结合原则旨在确保评价指标体系具有全面反映高校绩效情况的特点，同时又能够代表整体情况和各个方面的绩效表现。

具体来说，全面性意味着评价指标体系应涵盖高校绩效的各个关键方面和要素。包括教学质量、科学研究成果、人才培养、社会服务，等等。通过全面性的指标设计，可以更全面地了解和评估高校在各个方面的绩效表现，避免评价过于片面或偏颇。

代表性强调评价指标体系应具有代表性，能够准确反映整体情况和各个层次的高校绩效情况。意味着评价指标应能覆盖不同类型、规模和特点的高校，以及各个层面（如学校、学院、专业、个人）的绩效表现。通过选择代表性的指标，可以准确把握高校绩效的整体水平和差异程度，为制定改进措施提供可靠依据。

全面性与代表性相结合原则要求评价指标体系在设计时充分考虑到高校自身的特点、任务和目标，也要借鉴和参考行业和学术界的经验和标准。在实际操作中，可以采用多种方法，如文献研究、专家咨询、统计分析等，综合考量各种因素，确保评价指标体系既全面又具有代表性。

通过遵循全面性与代表性相结合原则，高校绩效审计评价指标体系可以更准确地反映高校的实际绩效情况，为高校的管理和改进提供有益的支持和指导。同时，还能促进高校之间的比较和借鉴，推动高校绩效的持续提升。

（三）科学性与可操作性相结合原则

科学性是指评价指标体系应基于科学的理论和方法,能够准确、全面地反映高校绩效的关键要素和特征。评价指标的设计应基于相关的学术研究成果、数据分析和实践经验,确保其具备科学性和专业性。评价指标应能够提供准确的定量或定性数据,通过合适的统计方法和分析工具进行科学的绩效评估。

可操作性是指评价指标体系应具备可操作性,能够在实际审计工作中进行有效的应用和操作。评价指标应具备清晰明确的定义和测量方法,能够获得可靠的数据来源。评价指标的收集和统计过程应简洁明了,能够方便高校和审计人员进行操作。此外,评价指标体系应能够及时跟进高校绩效情况的变化,具备灵活性和适应性,以适应高校的发展需要和环境变化。

科学性与可操作性相结合的原则要求评价指标体系在设计时充分考虑到高校的特点、目标和资源限制。需要通过专家咨询、实地调研、数据分析等方法,确保评价指标能够全面准确地反映高校的绩效情况,并且具备可操作性和实用性。

（四）权责对等和可接受相结合原则

权责对等是指评价指标体系应与高校的责任和权力对等。评价指标体系应能够准确反映高校的职责和使命,涵盖高校的各个职能和领域。评价指标应与高校的战略目标、规划和任务相一致,确保高校各项工作的重要性和价值得到充分体现。通过权责对等的指标设计,可以确保评价的全面性和有效性,促进高校按照其职责和权限履行工作,推动高校绩效的提升。

可接受是指评价指标体系应符合相关利益相关方的需求和期望,能够被广泛接受和认可。评价指标的设计应考虑到高校的内外部利益相关方,如学生、教职员工、社会各界等。评价指标的选择和权重设置应具有公正性和客观性,兼顾各方利益,并与实际情况相符。只有当评价指标被各方接受和认可,评价结果才能被广泛应用于决策和改进,从而促进高校的持续发展。

权责对等和可接受相结合的原则要求评价指标体系设计时充分考虑高校的特点、定位和利益相关方的需求,需要通过广泛的讨论和参与,包括高校内部的各个层级和部门,以及外部的相关利益相关方,共同确定评价指标的权重和标准。评价指标体系的设计应具备科学性和经验性相结合的特点,同时也要灵活适应高校的变化和发展需求。

(五)可持续性原则

可持续性原则旨在确保评价指标体系能够持续有效地应用于高校绩效的评价和改进,以促进高校的可持续发展。

具体来说,可持续性原则包括以下几个方面:

第一,评价指标体系应具备长期视野,能够反映高校长远发展的目标和战略。评价指标的选择和设计应考虑到高校的战略规划和发展趋势,不仅关注当前的绩效表现,还需考虑到未来的潜力和可持续性发展的要求。

第二,评价指标体系应综合考量高校的各个方面和层次的绩效表现,包括教学质量、科学研究成果、人才培养、社会影响力等。通过综合考量,可以更全面地了解高校的整体绩效情况,避免评价结果过于片面或偏颇。

第三,评价指标体系应能够为高校的持续改进提供支持和指导。评价指标应能够识别出存在的问题和不足,为高校提供改进的方向和建议。同时,评价指标体系应具备灵活性,能够适应高校的变化和发展需求,确保持续改进和发展的动力。

第四,评价指标体系应平衡考虑高校内外部利益相关方的需求和利益,确保各方的权益得到合理的平衡。评价指标的选择和权重设置应公正、客观,不偏袒某一方利益。通过平衡不同利益相关方的需求,可以增强评价结果的公信力和可持续性。

三、构建科学的高校绩效审计评价体系的措施

（一）发挥高校自身优势，加强绩效审计理论研究

绩效审计在中国的发展还处于起步阶段，需要通过多方实践和不断完善来提升。目前，还没有形成适合我国社会主义经济建设国情的有效绩效审计理论和方法体系。高校作为教育和科研机构，在绩效审计方面具有独特的优势。因此，高校应该发挥自身的特点，加强绩效审计理论的研究，包括总结现有的高校审计经验，积极借鉴国内外的先进理论研究成果，针对高校审计的特殊性进行深入的理论探索，不断完善实践中的理论与方法。

此外，绩效审计的发展不能仅限于审计学科领域，它涉及多个学科的综合研究。因此，跨学科的合作和研究对于绩效审计理论的发展提出了更高的要求。这方面要关注绩效审计的质量控制、技术方法和审计报告等具体要求，将各学科的知识进行科学融合和应用。

（二）完善审计机构设置，保证绩效审计独立性

首先，高校内部应建立相应的专门机构，负责内部审计的工作。这个机构应该在组织机构中具有独立地位，由主管领导直接负责，并且不受其他部门和个人的影响。只有真正实现审计机构的独立行使职权，才能保证内部审计的客观、公正和独立性。

其次，要优化高校内部审计的工作环境，提高审计人员的职能效用。包括加强与高校内部其他职能部门之间的联动效应，提高各部门之间的互动监督效果。高校应积极改善内部审计的工作条件，为审计人员提供更好的资源和支持。同时，内部审计部门也要调整工作思路，以服务为导向，加强与其他部门的沟通，帮助各部门发现问题并提出合理化建议。这样既能消除被审计单位的消极情绪，也能提高内部审计工作的效率。

最后，应加强内部审计的宣传，让整个高校各部门充分认识到内部审计的重要性。高校管理者应主动推动内部审计在高校的重要作用，鼓

励各部门配合内部审计工作、支持内部审计的发展。通过加强内部审计的宣传与推广，可以建立审计文化，提高绩效审计的认知度和实施的意识。

（三）优化高校审计机构人员配置，提高审计人员素质

为构建科学的高校绩效审计评价体系，可以采取以下措施来优化高校审计机构人员配置，提高审计人员素质。

第一，建立合理的审计机构层级和职责划分，确保审计工作的有效开展。明确不同层级的审计人员的职责，避免工作重复或遗漏。

第二，加强对审计人员的培训与进修，使其掌握先进的绩效审计理论和方法。培养审计人员具备全面的专业知识和技能，包括会计、财务管理、内部控制等领域的知识。

第三，明确审计人员的职责和绩效要求，将其纳入绩效考核体系中。通过明确的绩效指标和考核标准，激励审计人员提高工作质量和效率。

第四，组建多学科、多专业背景的审计团队，实现人员之间的互补和协作。通过团队合作，提高审计人员的专业能力和工作效率，推动绩效审计工作的深入开展。

第五，设立定期的内部选拔机制，对具备潜力和能力的人员进行选拔、培养和晋升。同时，引入外部专业人才，进行专业背景和能力的综合评估，提高审计机构的整体素质。

第六，加强与其他高校的审计机构的交流与合作，共同分享经验和推进绩效审计工作的发展，定期举办学术论坛、研讨会等活动，促进理论和实践的交流，提高绩效审计的水平和质量。

（四）应用新技术，推进绩效审计软件开发

第一，开发智能化绩效审计软件，利用人工智能、大数据分析等新技术，提高审计效率和准确性。该系统可以自动化收集、整理和分析数据，帮助审计人员更快速地识别和分析潜在的问题和风险。

第二，设计与高校特点相适应的绩效指标评估工具，用于绩效目标的设定和绩效评估的数据收集与分析。该工具可以帮助高校确定合适的绩效指标，并进行全面、客观的绩效评估。

第三,开发绩效数据可视化工具,以图表、仪表盘等形式呈现绩效数据,便于管理者和决策者直观地了解高校的绩效情况,有助于提高决策的精确性和及时性。

第四,在开发和使用绩效审计软件过程中要同时重视信息安全和数据隐私保护,应加强系统的安全控制措施,确保绩效数据的保密性和完整性。

第五,建立与用户沟通的机制,鼓励用户提供反馈意见和改进建议。根据用户需求和实际使用情况,持续改进绩效审计软件,提升软件的功能和用户体验。

（五）引入绩效问责制度

为构建科学的高校绩效审计评价体系,可以引入绩效问责制度。

第一,确定合理的绩效目标,明确高校各级单位的职责和任务。这些目标应与高校的发展战略和规划相一致,具备可衡量、可追溯的特点。

第二,制定全面、科学的绩效评估指标体系,涵盖高校教育教学质量、科研创新能力、社会服务水平等方面。这些评估指标应具备客观性、可比性和可操作性,以便于绩效的准确测算和定量分析。

第三,建立绩效考核制度,将绩效评估结果与个人或单位的权益挂钩,以强调个人和单位的责任和奖惩机制。可以激励高校成员努力提高绩效,促进高校整体的改善与发展。

第四,及时公开绩效评估结果和绩效考核标准,向组织内外相关方进行信息披露。通过信息公开,提高绩效评估的公正性和可信度,增加高校成员对绩效审计的认知与支持,推动绩效提升。

第五,设立绩效奖励机制,以鼓励优秀绩效的个人或单位,给予适当的奖励和荣誉。可以激发高校成员的积极性和创造性,推动高校的绩效审计不断向好的方向发展。

第六,建立有效的监督和问责机制,确保绩效评估过程的公平和准确性。对于表现不佳的个人或单位,提出相应的问责措施,以促进问题的解决和绩效的改善。

通过引入绩效问责制度,可以促进高校绩效审计评估的科学性和有效性,为实现高校的良好运行和发展提供有力支持。同时,也能够增加高校成员的责任意识和工作动力,推动高校走上持续改进的道路。

（六）宣传绩效审计理念,树立内审部门的服务意识

过去,内审部门的重点往往在于查处违规违纪问题,但现在要转变这种观念,树立为学校各部门提供管理服务的思想。内审部门应紧跟领导的需求,成为高校领导参谋和助手,为各部门的工作提供智慧和帮助,为其保驾护航。

为了推动内审部门向服务导向转型,需要通过宣传和培训,让高校内部人员了解绩效审计的重要性和意义。要强调绩效审计对提升管理水平和经济效益的积极作用,让各职能部门认识到绩效审计是保障学校可持续发展和优化资源配置的重要手段。

同时,要加强与高校各部门的沟通和合作,确保内审部门能够及时了解各部门的需求和问题,为其提供合适的管理服务和建议。此外,还应将绩效审计理念融入日常工作中,通过持续性的改进和创新,提升内审部门的服务能力和效率。

绩效审计的宣传力度需要加大,通过各种形式和途径向高校内部人员传达绩效审计的重要性和意义。只有当领导和被审计单位都理解并支持绩效审计,内审部门才能得到应有的重视,绩效审计的开展也才能顺利进行。

第四节　高校绩效审计实践

本节以××省高等教育内涵建设专项资金的绩效审计为例进行分析。

在 2017 年,教育部等五个部门发布了《关于深化高等教育领域简政放权、放管结合、优化服务改革的若干意见》。这份文件明确指出,要进一步扩大高校对项目资金的统筹使用权。高校要不断提高资金使用效益,并依法接受审计监督。

基于这一背景,在 2020 年 ×× 省为进一步落实和扩大高校办学自主权,设立了高等教育内涵建设专项资金。这意味着高校可以根据办学实际情况自主统筹安排资金使用。

随着专项资金使用自主权的逐步下放,高校需要思考如何合理分配、使用和管理专项资金,充分发挥资金带来的绩效效应,保障高校的内涵发展。在解决这个问题时,进行专项资金的绩效审计是一个重要的手段。

绩效审计可以帮助高校评估和监督专项资金的使用情况,确保资金的有效利用,推动高校取得更好的内涵发展。通过审计,可以检查资金的分配是否合理、使用效果是否达到预期,以及合规性是否符合相关法规要求。

一、高等教育内涵建设专项资金概述

为了进一步推动 ×× 省高等教育体制机制改革,增加高校办学的自主权,特别设立了 ×× 省高等教育内涵建设专项资金,以支持高等教育的高质量发展。这笔专项资金由 ×× 省财政厅和教育厅共同管理,并整合了原有的优势学科建设工程和品牌专业建设工程。

在具体的使用过程中,教育厅负责进行项目的遴选,提出预算分配建议方案。财政厅则根据教育厅的建议,进行专项资金的预算安排和下达。这样财政厅和教育厅共同参与对项目资金使用绩效的监管,确保了专项资金的有效使用与高等教育内涵建设目标的一致性。

高校作为专项资金使用的责任主体,在项目组的带领下,根据实际需求提出具体的项目申报,负责项目的执行和资金的使用。高校需要确保资金使用符合相关规定,承担对项目建设和资金使用绩效的责任。

通过设立 ×× 省高等教育内涵建设专项资金,×× 省为高等教育体制改革和高校自主权的增强提供了有力支持。财政厅和教育厅之间的合作监管机制可以确保专项资金的有效使用和绩效监控,进一步提升了专项资金的管理水平。这样一来,就能更好地促进高等教育的发展,为高校提供更好的内涵建设条件。具体流程见图 5-1。

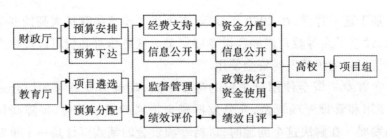

图5-1 ××省高等教育内涵建设专项资金管理流程

××省高等教育内涵建设专项资金相较于传统专项资金管理模式具有明显的特点。

首先,该专项资金落实了高校办学自主权要求,允许高校根据自身办学实际进行统筹安排和使用资金。除了一些文件明确禁止的支出外,高校可以自主规划和分配使用专项资金,为高校提供了更大程度的自主权。

其次,与传统专项资金管理模式相比,××省高等教育内涵建设专项资金的管理模式更加灵活和自主。传统模式下,高校必须严格按照支出预算使用专项资金,很少允许进行调整,而任何需要调整的情况都需要报上级政府部门审核备案。在新的管理模式下,高校可以根据实际需要进行资金的合理调配和使用,减少了繁琐的报批流程,增强了高校的灵活性和适应性。

最后,××省高等教育内涵建设专项资金的设立也是对培育高校干事创业积极性和主动性的一种激励措施。鼓励高校以科学规划、责任清晰、规范透明、注重绩效的原则来管理专项资金,明确高校作为专项资金使用的责任主体地位,使其在资金使用过程中更加自主和负责。

二、高等教育内涵建设专项资金绩效审计的内容、评价指标和标准

(一)绩效审计内容和重点

1.内涵建设专项资金统筹安排情况

内涵建设专项资金的统筹安排情况时,需要重点关注以下几个方面:首先,关注高校内涵建设资金的来源、资金的配置和项目的安排情况。具体来说,需要明确内涵建设专项资金的主要来源是财政拨款还是其他渠道,核实高校是否根据政策规定进行科学合理的资金配置和项目安排。

其次,关注统筹安排使用资金的决策程序。重要的是确定决策是否通过学校办公会议或其他类似机构进行研究和决策。这样可以确保资金的统筹安排符合学校内部的决策程序,提高决策的科学性和民主性。

最后,还应关注调整预算方面是否严格履行相关的决策审批程序。如果需要对资金预算进行调整,必须经过相应的决策程序,如学校的主管部门或财务管理部门的审批,以确保资金的调整合法合规。

2. 内涵建设专项资金规范使用情况

为了规范内涵建设专项资金的使用情况,需要重点关注以下几个方面:

第一,要确保 ×× 省高水平大学及特色学校建设、高校一流本科专业(包括品牌专业)及课程建设、高校优势学科及重点学科建设等方面的财政专项资金支出范围和标准是否符合相关规定。比如,资金的分配是否符合内涵建设的政策导向、使用范围是否与内涵建设目标相匹配。

第二,需要检查是否存在违规列支、挤占挪用、套取资金等不当行为,包括资金使用是否符合相关规定和准则、是否存在超出预算或超出授权范围的支出行为。另外,还需要关注是否存在违规使用资金的情况,如将专项资金用于法律法规及文件明确禁止列支的其他支出。

在审计过程中,还可以扩展对专项资金使用情况的评估,如项目的质量控制、资金花费的效果和影响,以及高校内部的绩效评估和风险管理等。

总之,在规范内涵建设专项资金的使用情况时,应该注意核实支出范围和标准是否符合相关规定,同时查明有无违规行为和不当使用资金的情况。这样可以确保专项资金的合理使用,保障内涵建设的有效推进。

3. 内涵建设专项资金绩效管理情况

检查和评价内涵建设专项资金使用的经济性,需要重点考虑在保证质量的前提下,如何最大限度地降低专项资金的使用成本。这就好比在公开招标采购物资时,选择同等质量但成本最低的供应商。

同时,还将检查和评价内涵建设专项资金使用的效率性。主要关注项目执行进度和完成情况是否合理,是否按时安排专项资金的使用,以及资金结转超过两年等问题是否产生,这些因素会影响到专项资金的使用效果和绩效。

对于内涵建设专项资金使用的效果性,关注高校是否建立了全过程预算绩效管理机制,根据规定科学合理地设定了预算绩效目标。通过评估内涵建设专项资金的使用效益和取得的实际成效来衡量绩效。另外,需要着重关注是否实现了标志性目标任务。

（二）绩效审计评价指标体系

专项资金绩效审计指标体系就像一把"指挥棒",可以帮助引导专项资金的最大效益。虽然审计署尚未发布公认的指标体系,但可以根据不同项目的特点选择适合的指标体系。

对于××省高等教育内涵建设专项资金来说,它的特点在于将资金的统筹安排权下放到高校,给予了高校更多自主权。因此,××省高校内涵建设专项资金绩效审计可以从表5-1所示的五个方面建立指标体系。

表5-1 ××省高等教育内涵建设专项资金绩效审计评价指标体系[①]

一级指标	二级指标	三级指标	指标说明
统筹性	资金配置情况	资金来源情况、资金配置情况、项目安排情况	主要关注资金配置是否合理科学
	管理使用情况	上会研究决策情况、预算调整情况、管理制度健全性、财务监控有效性	主要关注资金的管理使用情况
合规性	合法合规性	资金使用规范性、项目立项规范性、支出合理性	主要关注项目的立项及资金使用是否规范
经济性	支出节约性	实际支出金额、预算执行超支率/结余率、支出增长率;成本节约率	主要关注为达成项目绩效目标实际耗费的支出及成本节约情况
效率性	资金执行情况	资金到位率、预算执行率、资金结转率	主要关注专项资金执行进度情况
	项目完成情况	实际完成率、质量达标率、质量可控性	主要关注建设项目执行进度情况

---

① 王曙.高校专项资金绩效审计研究——以江苏省高等教育内涵建设专项资金为例[J].商业会计,2022（14）：49-51.

续表

一级指标	二级指标	三级指标	指标说明
效果性	机制建立情况	预算绩效管理机制建立情况、绩效目标设定情况	主要关注高校是否建立健全过程预算绩效管理机制
	目标完成情况	绩效目标达成率、标志性成果数量、社会服务收入	主要关注绩效目标完成情况
	满意度	教职工满意度、学生满意度、社会满意度	主要关注师生及社会评价

（三）绩效审计评价标准

评价标准是进行绩效审计时用来对比和评估结果的依据。在选择评价标准时，需要根据具体情况和指标的性质进行选择，与被审计高校达成共识。

对于定量类指标，可以设置百分比作为评价标准，如资金到位率、预算执行率、实际完成率等，通常可以设定为 100% 为合格标准。

对于效果类的定量指标，如标志性成果数量、社会服务收入等，可以根据历史数据或同类高校数据作为评价标准，以比较目标的实际达成情况。

对于定性类指标，如资金使用规范性、管理制度健全性、财务监控有效性等，可以设定为优、良、合格和不合格等级，以评估目标的达成程度。

对于效果类的定性指标，如目标完成情况，可以根据项目申报书中设定的绩效目标设定评价标准，以是否达到预期目标作为衡量依据。

在确定评价标准时，审计人员应与被审计高校允分沟通和协商，确保双方对评价标准的理解一致，并能够得出客观公正的评价结果。

评价标准的选择是实施绩效审计的重要环节，它能够帮助审计人员准确评估绩效目标的实际达成情况，并为高校提供改进和决策的依据。

三、深化高校专项资金绩效审计的实现路径

随着高校专项资金的规模逐渐增加和使用需求的不断扩大，深化高校专项资金绩效审计成为保障专项资金有效使用和提高高校管理水平的重要举措。然而,要实现高校专项资金绩效审计的深化,需要有明确的实现路径和措施。这里从前馈控制、过程控制、反馈控制和问责机制四个方面进一步深化绩效审计工作。

(一)前馈控制审查专项资金分配的经济性

为确保高校专项资金的经济性和规范使用,绩效审计应该提前介入,将监督和防控工作推进到项目实施的早期,既注重问题排查,又注重前期服务与风险防控。

首先,绩效审计应关注高校是否引入竞争分配机制。通过成立专家组对校内项目的建设目标、重点任务和改革措施等进行综合评价,对项目进行优先级排序,据此确定立项建设项目,合理分配专项资金。这种竞争分配机制能够提升专项资金利用效益,确保最有潜力和最具价值的项目得到资金支持。

其次,绩效审计应识别和关注类似建设目标和任务的项目。审计人员应审查项目之间是否存在重复建设、资源浪费或产出低效的情况,以减少冗余和资源浪费。同时,审计机构还需关注已立项的建设项目是否符合规范的立项流程,确保项目按照既定要求进行。

最后,绩效审计还需审查专项资金的预算分配是否与建设任务相匹配,是否存在"小项目大预算"的问题。绩效审计机构应对预算编制过程进行审查,确保资金分配合理,对执行过程进行跟踪检查,防止资金滥用或浪费现象的发生。

(二)过程控制审查专项资金管理的效率性

过程控制也称实时控制,贯穿于项目实施的全过程。为提高专项资金管理的效率性,绩效审计应重点关注项目建设进度、绩效目标管理、资金使用合规性和预算经费的调整变更等方面。通过指标的具体衡量,可以评估管理的效率并提出改进建议。

第一,绩效审计应关注资金到位率。资金到位率是衡量项目实施的一项重要指标,通过比较项目资金到位额与专项资金总额,可以评估资金的及时性和稳定性,确保项目正常运转。

第二,绩效审计应关注专项经费支出结构。通过比较实际支出额与专项资金总额,可以分析专项经费的使用情况,评估预算的合理性和使用效率,并提出合理的调整建议。

第三,绩效审计应关注绩效目标的实现率。绩效目标实现率是衡量绩效管理的重要依据,通过比较绩效目标达成数与绩效目标规划总数,可以评估项目是否按计划进行,对未达成的目标给出相应的解决方案。

第四,绩效审计还应关注专项经费支出比率。通过比较实际支出额与计划支出额,可以分析资金的使用情况和合规性,确保资金使用符合规定,防止滥用和浪费现象的发生。

第五,绩效审计还应关注专项建设项目的完成进度。对于执行进度缓慢或预算资金超支使用的项目,应进行重点关注,及时向学校管理层反馈相关信息并提出改进建议,以促使项目按时保质保量地完成。

（三）反馈控制审查专项资金产出的效果性

项目建设期末,要对专项资金的产出效果开展绩效审计。在专项资金产出的效果性审查中,绩效审计应该综合考虑直接效益和间接效益,对项目实际绩效进行科学评价。

首先,绩效审计应关注项目直接效益的产出情况。直接效益包括项目所产生的标志性成果和具体效益,如研究成果、科技创新、教学改革、设施建设等方面。绩效审计应对这些成果进行评估,与事先确定的评价标准进行对比,以衡量专项资金使用的效果。

其次,绩效审计应关注项目间接效益的转化情况。间接效益包括项目成果所带来的经济效益、社会效益和生态效益等。绩效审计应对这些间接效益进行评估,将其纳入绩效评价体系中,以全面评价专项资金使用的效果。

再次,绩效审计还应调研师生及相关受众对建设项目的满意度。通过问卷调查、访谈等方式,了解用户的意见和反馈,评估项目对师生和相关受众的影响和满意度,有助于从用户的角度评价专项资金使用的效果。

最后,绩效审计还需要注意专项资金绩效的后续效应。由于高等教育投入产出的时滞效应,项目建设期结束后可能还会产生持续性的后续成果。绩效审计应关注学生整体素质的提升、升学率和就业率的提高、教师教学科研能力的提升、学科整体排名的上升、教职工凝聚力的加强、学校综合实力和社会贡献程度稳步上升等方面的效果，以全面评价专项资金使用的绩效情况。

（四）构建专项资金绩效审计双层问责机制

构建专项资金绩效审计双层问责机制对于完善高校治理、提高专项资金使用效益具有重要意义。该机制必须基于公允评价和责任界定的原则，旨在发现问题并推动整改，确保建设目标的实现。

首先，绩效审计双层问责机制应贯穿于绩效审计的全过程。绩效审计机构对高校使用专项资金和完成建设任务的情况进行审计，评估专项资金的使用效益，根据审计结果对相关部门和负责人进行问责。同时，高校内部承建单位也应对绩效审计结果进行自我检查和评估，及时发现问题，并采取措施加以整改。

其次，绩效审计双层问责机制需要确保审计的公正性和客观性。绩效审计机构应独立开展审计工作，不受外界干扰，充分运用科学方法和数据分析，对专项资金的使用情况进行准确评估。高校内部承建单位应积极配合审计工作，提供真实的资料和信息，确保审计结果的客观性和可信度。

再次，绩效审计双层问责机制需要强调问责的及时性和效果性。绩效审计结果应及时通报相关部门和负责人，明确问题和整改要求。被问责单位应及时采取措施加以整改，并向绩效审计机构报告整改情况。绩效审计机构应跟踪整改情况，对整改效果进行评估，确保问题得到有效解决。

最后，绩效审计双层问责机制需要注重宣传和激励。通过对问责结果的宣传，增加问责的震慑力度，引起关注，对问责表现优秀的高校和个人进行奖励和激励，倡导诚信、廉洁、高效的专项资金使用行为。

第六章

高校工程审计理论与实践

第一节　工程审计概述

一、工程审计的内涵

工程审计是指独立的审计机构和审计人员,依据国家现行法律法规和相关审计标准,对工程项目的全过程进行监督、评价和鉴证的活动。它是对工程项目进行技术经济活动和建设行为的审计,旨在提高工程项目的管理效果和投资效益。

工程审计的核心任务是对建设项目的各个阶段进行审查,包括项目的规划、设计、招投标、施工、验收等过程。审计人员通过实地调查、数据分析、风险评估等方法,验证工程项目是否按照法律法规和合同要求进行,是否达到预期的技术和经济效果,提出改善措施和建议。

工程审计的目的是确保建设项目的质量、安全、进度等方面符合可行性研究报告和项目合同的要求,向相关方提供客观、独立的意见和建议。它有助于改善工程项目的管理和绩效,优化资源配置,减少损失和浪费,提高工程项目的投资回报率和可持续发展能力。

工程审计通常由独立的审计机构或内部审计部门负责,它们会依据专业的审计准则和方法,对工程项目的合规性、经济性、风险管理、财务报告等方面进行审查,并提交审计报告,向建设方、投资者、监管部门等各方提供审计结果和建议。

工程审计有以下几层含义:

(一)工程审计的主体

工程审计应由独立的审计机构和审计人员进行,主要的审计主体包括政府审计机关、内部审计机构和社会审计组织。

1.政府审计机关

政府审计机关在工程审计中扮演重要角色,特别是对于以国家投资或融资为主的基础设施项目和公益性项目。根据《中华人民共和国审计法》和《中华人民共和国审计法实施条例》,政府审计机关需要对这些项目的预算执行情况、决算以及年度预算和决算进行审计监督。[①] 政府审计机关负责确保投资的合理使用和监督项目的执行情况。

2.内部审计机构

组织内部审计机构承担着工程审计的责任。内部审计机构主要关注本单位或本系统内投资建设的所有建设项目,进行详细审计。这些审计机构旨在确保项目的合规性、经济效益和财务管理的规范性。

3.社会审计机构

社会审计是指依法成立的社会审计机构和审计人员接受委托人的委托,对委托审计的项目实施审计。国家或地方审计机关可以授权建设单位组织工程内部审计或委托社会审计机构进行审计。

需要强调的是,非具备审计职能和资格的非审计组织和个人不具备进行工程审计的资格。工程审计需要由经过专业培训和具备审计资格的机构和人员来执行,以确保审计的准确性和可靠性。

(二)工程审计的客体

工程审计的客体是指被审计的工程项目或工程活动。具体包括以下几个方面:

（1）工程项目:工程项目作为工程审计的主要客体,指的是一项特定的工程建设活动,如建筑工程、基础设施建设、交通运输工程、水利工程等。工程审计将对项目的经济、合规性和质量进行审查,以评估项目的执行情况和达成目标的情况。

（2）工程合同:工程合同是工程项目实施过程中重要的法律文书,

---

① 李建峰，李晓钏，赵剑锋.工程项目审计 [M].北京：机械工业出版社，2021.

在工程审计中也是重要的审计对象。工程合同定义了各方之间的权责关系、合同履行方式、支付条件等。审计人员会对工程合同的签订、执行情况以及付款程序进行审查,以确保合同的合规性和履约情况。

（3）工程资金：工程项目通常涉及大量的资金投入,包括政府资金、企业投资、银行贷款等。工程审计将对工程资金的使用情况进行审查,确保资金使用符合法规要求、合理高效,并防范经济风险。

（4）工程质量：工程质量是工程项目的重要指标,工程审计也会关注工程项目的质量问题。审计人员将对工程质量控制体系、施工过程及质量验收情况进行审查,以确保工程质量符合相关标准和规定。

（三）工程审计的依据

工程项目的审计依据包括现行方针政策、法律法规和相关技术经济指标。这些依据为工程审计提供了规范和指导,确保审计工作符合相关要求和标准。

1. 相关文件政策

国家、行业和地方实施的方针政策对工程项目建设具有指导和引导作用。审计人员需要了解并遵守与工程项目建设密切相关的宏观调控政策、产业政策和发展规划等,如中华人民共和国财政部印发的《关于加强建设项目工程预（结）算、竣工决算审查管理工作的通知》《基本建设财务管理规定》,国家审计署《关于国家建设项目竣工决算审计实施办法》,住房和城乡建设部《关于进一步加强建筑市场监管工作的意见》等,这些文件政策确定了工程项目的性质、规模和目标,也决定了审计工作的目标和方向。

2. 法律法规

工程审计必须遵守国家现行与工程审计相关的法律法规。包括国家颁布的相关法律,如《中华人民共和国审计法》《中华人民共和国建筑法》《中华人民共和国民法典》《中华人民共和国招标投标法》《中华人民共和国土地管理法》等。同时,行政法规和地方、部门规章也是审计依据,如《建设工程质量管理条例》《建设工程勘察设计管理条例》《基本建设财务规则》《基本建设项目建设成本管理规定》等。这些法律法规规定了工程项目建设的基本要求和审计的法律依据。

3. 相关技术经济指标

工程项目的投资决策评价和工程概预算（结算）价格确定需要借助于相关技术经济指标。在投资决策评价方面，审计人员会考虑项目的投资、费用、盈利状况、清偿能力和外汇效果等财务评价指标，以及国民经济评价指标，如影子价格、影子工资、影子汇率、社会折现率等。在最终价格确定方面，审计人员会参考概算定额、概算指标、预算定额等与工程造价相关的定额指标。

二、工程审计的特点

由于工程项目建设涉及面广，建设周期长，投资数额较大，项目相关者众多，且必须遵循基本建设程序，因此与其他专业审计相比，工程审计除了具备其他审计业务的一般特征之外，有其自身固有的特征，主要表现在：

（一）审计对象的复杂性

工程审计对象的复杂性体现在以下几个方面：

（1）项目类型的多样性：工程项目涉及领域广泛，包括基础设施建设、房地产开发、能源和矿产开发等。每一种类型的项目都有其独特的特点和要求，审计人员需要了解不同类型项目的特点和规范性要求，以便进行有针对性的审计。

（2）投资主体的多样性：工程项目的投资主体包括政府部门、国有企事业单位、民营企业等，其中涉及不同类型的所有制形式和管理机制。审计人员需要根据投资主体的特点和要求，灵活运用审计方法，了解和评估投资者履行项目职责的情况。

（3）参与者的众多性：工程项目涉及众多的参与者，如设计单位、施工单位、监理单位、环境保护部门等。这些参与者具有不同的职责和权责关系，审计人员需要了解各参与者的角色和职责，确保他们按照规定履行责任并协同配合。

（4）工程项目阶段的复杂性：工程项目从前期规划、设计、投资决策到施工、竣工验收和运营阶段,涉及项目的全生命周期。每个阶段都有其特定的审计内容和要求,审计人员需要根据不同阶段的特点,进行相应的审计工作。

（5）机构的多样性:工程项目受到各级政府部门的监管和管理,其中包括发改委、财政部门、审计机关等。不同的监管机构对工程项目的审计要求和标准也有所不同,审计人员需要了解各监管机构的规定和要求,确保审计工作符合相关标准。

（二）审计内容的多样性

工程审计的内容非常多样,涵盖了工程项目建设过程中的各个方面。

（1）项目投资决策阶段审计:审计人员对工程项目的投资决策过程进行审计,包括项目可行性研究、投资评估和资金筹措等方面。审计目标是评估项目投资决策的科学性和合理性,以及项目资金使用的合规性。

（2）工程设计阶段审计:审计人员对工程项目的设计方案进行审查和评估,包括设计文件的准确性、技术性、经济性等方面。审计目标是确保设计方案符合相关法律法规和技术标准,以及满足项目的建设要求。

（3）施工过程审计:审计人员对工程项目的施工过程进行审核,包括施工管理、资源利用、质量控制、安全生产等方面。审计目标是评估施工过程的合规性、效率性和风险管理能力。

（4）工程质量检验阶段审计:审计人员对工程项目的质量检验过程进行审计,包括对施工成果、材料质量、安全措施等方面的审核。审计目标是确保工程项目的质量符合相关要求和标准。

（5）竣工验收阶段审计:审计人员对工程项目的竣工验收过程进行审核,包括对合同履行、工程质量、技术规范等方面的审核。审计目标是评估工程项目的完成情况和达到的质量要求。

（6）项目运营阶段审计:审计人员对工程项目的运营过程进行稽核,包括资产管理、维护保养、设备更新等方面。审计目标是评估项目运营的效率、经济性和可持续性。

（7）资金使用审计:审计人员对工程项目的资金使用情况进行审核,包括预算管理、合同支付、资金监督等方面。审计目标是确保资金使用符合相关规定和合同约定,防止财务违规和浪费。

（三）审计职能的特殊性

工程审计职能的特殊性主要表现在以下几个方面：

（1）以建设职能为主：相较于传统的财务审计，工程审计更注重对建设项目的全过程跟踪审计，其中包括项目投资决策、设计、施工、验收和运营等各个环节。审计人员在进行工程审计时，关注建设项目的经济性、效益性和管理效果，以保障项目的质量和成果。

（2）全过程跟踪审计：工程审计强调事前、事中和事后审计相结合的全过程跟踪审计方法。审计人员在项目的不同阶段进行审计，及时发现工程项目中的问题和风险，提出建议和措施，及时整改和规范项目管理，防止铺张浪费和投资损失的发生。

（3）立足服务、着眼防范：工程审计的思路立足于为被审计单位提供服务，通过发现问题、提出建议和推动整改等方式，帮助被审计单位改进管理、提升效益。同时，工程审计也着眼于防范潜在的违规行为和管理漏洞，及时发现苗头性、倾向性的违纪违规问题，避免损失和风险的扩大。

（四）审计方法的灵活性

工程审计方法的灵活性体现在以下几个方面：

（1）综合运用多种审计方法：工程审计需要综合运用多种审计方法，如文档审查、调查访问、数据分析、风险评估等。审计人员根据具体情况选取适合的方法，以确保审计工作的全面性和有效性。

（2）依据不同阶段采用不同方法：由于工程项目涉及投资决策、设计、施工和运营等不同阶段，审计方法也需因应阶段的不同采取不同的方法。在项目初期，可以运用成本效益分析、风险评估等方法进行预审计和定性评估；在施工阶段，需要采用现场检查、材料检测等具体的技术审计方法。

（3）借鉴其他学科领域的方法：工程审计可以借鉴管理学、计量经济学、工程技术和环境科学等领域的方法。例如，利用项目评估方法、生命周期成本分析、生态效益评估等方法，帮助评估项目的可行性和效益。

（4）弹性运用专业知识和经验：审计人员在进行工程审计时，需要灵活运用专业知识和经验。他们需要了解工程项目中的相关法律法规、技术标准和管理要求，根据实际情况进行判断和分析，以便提出准确的审计结论和建议。

（5）结合定量和定性分析方法：工程审计不仅关注数字数据和财务信息，还需要结合定性分析方法。通过定量分析方法如统计分析、比较分析等，揭示问题的本质；通过定性分析方法如文件分析、访谈调查等，掌握项目的背景信息和项目各参与方的态度和行为。

三、工程审计的分类

（一）按照投资主体划分

按照工程投资主体的划分，工程项目审计可以分为以下几类：

（1）政府投资项目审计：政府投资项目审计主要针对由政府出资进行的各类基础设施、公共事业和社会福利项目。审计目标包括项目的经济性、效益性、合规性以及资源配置是否合理。

（2）企业投资项目审计：企业投资项目审计主要针对企事业单位自主投资的各类工程项目，如建筑主体、建筑设备等。审计重点关注项目投资决策的合理性、预算控制、进度执行和质量管理等方面。

（3）合作开发项目审计：合作开发项目审计主要针对政府与民营企业、外国企业或其他机构合作进行的工程项目。审计内容包括项目合作协议的履行情况、合同约定的责任和权益等，以确保合作项目的顺利进行和双方利益的平衡。

（二）按照工程审计活动执行主体的性质划分

按审计活动执行主体的性质分类，工程审计可以分为以下三种类型：

（1）政府审计：政府审计是由政府机构或政府授权的审计机构进行的审计活动。政府审计机构根据法定权限和程序，对建设项目进行审计，以确保合规性、效益性和风险管理。政府审计通常涉及对国家投资项目、地方政府投资项目等进行审计。

（2）独立审计：也被称为第三方审计或外部审计，由独立的审计公司或机构执行。这类审计的主要目的是为工程项目的投资方、业主或贷款方提供客观、公正的审计意见，确保项目的财务健康和投资回报。

（3）内部审计：内部审计是由组织内部的审计部门或审计人员进行的审计活动。内部审计关注组织的内部控制和风险管理，对工程项目进行审计，以提高管理效果和投资效益。内部审计通常涉及对企业投资项目、单位投资项目等进行审计。

每种审计类型都有其特定的职责和操作方式。政府审计通常与法律法规和政策要求紧密相关，独立审计注重独立性和专业性，内部审计则侧重于组织的内部控制和风险管理。这些审计类型能够相互补充，提供全面的审计覆盖，确保工程项目的质量和效益。在实际工程项目中，这三种审计形式可能同时存在，它们各有侧重，但共同为项目提供了审计保障和监督。

（三）按工程审计实施时间划分

按照审计实施时间相对于被审计单位建设行为发生的前后，工程审计可分为以下三种类型：

（1）事前审计：事前审计是在被审计单位的建设行为发生之前进行的审计活动。它旨在对项目的计划、准备和决策进行审计，以确保项目具备必要的合规性、可行性和可持续性。事前审计通常涉及对项目可行性研究、招标文件、融资计划等进行审查和评估。

（2）事中审计：事中审计是在被审计单位的建设行为进行中进行的审计活动。它关注项目的实施过程和管理情况，以确保项目按照计划和预期达到预定目标。事中审计通常涉及对项目进展、成本控制、质量管理、合同履约等方面进行审查和评估。

（3）事后审计：事后审计是在被审单位的建设行为完成之后进行的审计活动。它主要关注项目的结果和效果，评估项目的成果和绩效。事后审计通常涉及对项目的财务决算、经济效益、环境影响等进行审查和评估。

（四）按照工程审计内容的专业特征划分

根据工程审计内容的专业特征，可以将工程审计分为以下四种类型：

（1）工程项目财务收支审计：该审计主要关注工程项目建设过程中的资金来源和支出情况。它涉及审查和评估项目资金的筹措、使用和管理情况，以确保财务数据的真实性、合规性和有效性。

（2）工程项目造价审计：该审计主要检查工程项目在建设过程中的投资财政预算决策和执行情况。它涉及审查和评估工程项目的投资估算、概算、预算和决算情况，以确保造价数据的准确性、合规性和合理性。

（3）工程项目建设管理审计：该审计主要关注工程项目建设过程中的建设管理行为的合规性和效率。它涉及审查和评估建设单位及其他项目参与者在工程项目建设过程中的计划、组织、协调、监督和控制等方面的管理情况，以确保工程项目的顺利进行和项目目标的实现。

（4）工程项目投资效益审计：该审计主要目的是对被审计建设工程项目投资活动的合理性、经济性和有效性进行监督、评价和鉴证。它涉及审查和评估工程项目所投资的资金使用情况、经济效益实现情况和投资效果，以提供对项目投资决策和资金管理的独立意见和建议。

（五）按照工程审计执行地点划分

按照审计地点的不同，工程审计可以分为以下两种类型：

（1）就地审计：就地审计是指审计机构派遣审计人员到被审计单位现场进行审查活动。这种审计方式的优点是能够深入实地进行调查研究，更容易全面了解和掌握情况。审计人员可以直接与项目管理人员、财务人员和其他相关人员进行沟通和交流，以获取必要的信息和数据。就地审计常用于需要深入了解工程项目的具体情况、现场操作和管理过程的审计工作，例如建设项目的跟踪审计。

（2）报送审计：报送审计是指被审计单位根据审计机关的通知，在规定的时间内将有关财务会计资料、工程技术经济资料报送给审计机关，由审计机关依法进行审计。被审计单位按照一定的格式和要求准备并提交审计所需的相关资料和文件。审计机关可根据报送的资料进行审计工作,评估工程项目的财务、造价、效益和管理情况。报送审计常用于对工程项目的财务、账目和资料进行核对和审计,以确保财务数据的真实性和合规性。

四、高校工程审计

高校工程审计是指学校内部审计机构依据国家有关法律法规,对学校基建修缮工程的真实、合法、效益情况进行审计监督和评价的活动。主要目的是保障工程造价的真实合理,确认与评价建设工程的关键环节,维护学校的合法权益,提高建设资金使用效益,以及防范工程建设中可能出现的风险。

高校工程审计与一般工程审计在审计目标和内容上具有一定的共性,都是对工程项目的真实、合法、效益进行审计监督和评价。然而,由于高校这一特定环境的存在,高校工程审计在多个方面表现出其独特的特点和要求。

首先,高校工程审计更注重内部控制的健全性和有效性。与一般工程审计相比,高校工程审计不仅关注工程造价的合理性和真实性,还强调对内部控制制度的审计。这是因为高校的工程项目往往涉及多个部门和环节,内部控制的健全与否直接影响到工程项目的顺利进行和资金的安全使用。所以,高校工程审计需要督促建设单位建立健全内控制度,确保工程资料的真实完整,并发挥应有的管理和监督作用。

其次,高校工程审计在人员要求上更加专业化。由于高校工程项目涉及的知识领域较为广泛,包括建筑、结构、电气、暖通等多个专业,因此要求审计人员具备较高的专业素质和技能水平。他们需要能够理解和审查工程图纸、施工方案、合同文件等,以确保工程项目的合规性和效益性。此外,高校工程审计在风险防范方面也有其特殊性。由于高校工程项目的资金来源多为政府拨款或学校自筹,因此审计风险相对较高。审计人员需要更加关注工程项目的立项、招标、施工、验收等各个环节,加强审计监督,确保项目合规性,防止虚报、冒领等问题的发生。

最后,高校工程审计在审计结果的应用上也具有独特性。高校作为教育机构,其工程项目往往与教学和科研密切相关。因此,审计结果不仅用于评价工程项目的经济效益和社会效益,还需要为教学和科研提供有价值的参考信息。

第二节　工程审计的程序与内容

前面提到,根据审计实施时间相对于被审单位建设行为发生的前后分类,工程审计可分为事前审计、事中审计和事后审计。[①] 与之相对应,这里按照开工前审计、工程实施期审计和工程竣工验收后审计分析工程审计的程序与内容。

一、开工前审计

主要对工程项目开工前各项主要工作进行审计。主要内容涵盖以下方面:

立项审计:审查项目的立项依据和背景,确保其符合国家和地方的发展规划;评估项目的必要性和可行性,确保项目投资的合理性和有效性;检查项目立项的决策程序和审批流程是否合规,防止违规操作。

融资审计:审查项目的资金来源和融资计划,确保其合规性和可行性;检查融资过程中是否存在违规操作或利益输送,确保资金使用的透明性;评估项目的融资成本和还款能力,防范潜在财务风险。

设计审计:审查项目的设计方案是否符合相关标准和规范,确保设计质量和安全性;评估设计方案的经济性和合理性,避免浪费和成本增加;检查设计过程中的变更和修改是否经过合规审批,防止随意变更设计。

招标审计:审查招标文件的合规性和完整性,确保招标过程的公开、公平和公正;检查投标人的资格和资质是否符合要求,防止不合规的投标人参与竞争;评估投标报价的合理性和经济性,确保中标价格合理。

合同审计:审查合同条款的完整性和合规性,确保合同内容明确、

---

① 　赵庆华.工程审计 [M].南京:东南大学出版社,2010.

无歧义；检查合同中的风险分担和权益保障条款是否合理，防范潜在风险；评估合同执行的可能性和可行性，确保合同能够顺利履行。

通过工程项目开工前审计，可以有效地发现问题和风险，提出相应的改进意见和建议，以确保项目的顺利实施，提升项目的效率和质量。

二、工程实施期审计

工程项目实施期的审计包括以下内容：

（一）主要隐蔽工程勘验的审查与评价

隐蔽工程是指在建筑物、构筑物、路桥施工等过程中，完工后被下一道工序所掩盖，其在隐蔽后无法再进行检查的工程。由于隐蔽工程在完工后难以再次检查，因此其施工质量和勘验的准确性至关重要。

审计机构在进行主要隐蔽工程勘验的审查与评价时，首先关注的是综合单价中的项目特征和工作内容是否发生了改变。审计人员会仔细核对招标文件、施工合同和施工图纸，确保施工单位在施工过程中严格按照约定执行，防止因施工变更导致的工程造价增加。同时，审计人员还会检查实际施工是否与图纸或变更相一致。他们会深入施工现场，观察施工工序和操作方法，核实施工单位的施工记录和质量检测报告，确保隐蔽工程的质量和安全性。

主要隐蔽工程的勘验工作应由建设工程管理部门、施工单位、监理单位和审计机构共同参与。这些参与方在勘验过程中各自承担不同的职责，共同确保勘验工作的准确性和客观性。未经审计机构参与验收的隐蔽工程，审计机构将不予审计和增加费用。这是为了确保审计机构能够对隐蔽工程的施工质量进行全面、客观的评估，防止因施工单位单方面施工导致的造价增加。

对于勘验不合格的项目，审计机构应及时向建设工程管理部门提出处理建议，明确划分相关责任。有助于及时纠正施工过程中的问题，防止问题扩大化，也有助于明确责任，为后续的索赔和纠纷处理提供依据。

（二）主要材料及设备价格确认的审查与评价

主要材料及设备价格确认的审查与评价的主要内容：

第一，对于投标文件中已明确"厂家、规格、单价"的主要材料和设备，其进场使用前必须经过严格的确认程序。建设工程管理部门、监理单位和审计机构需共同参与这一确认过程，确保进场材料与设备符合投标文件的约定。如果实际进场的"厂家、规格"与投标文件不符，需经过上述三方确认和同意后方可使用，需重新确认单价，以避免因材料设备变更导致的造价增加。

第二，对于投标文件中未明确"厂家、规格"，但材料单价已明确的材料和设备，进场使用前施工单位需提供详细的"厂家、规格、单价"信息。建设工程管理部门、监理单位和审计机构需共同对这些信息进行核实，确保施工单位所提供的厂家、规格与市场价格相符，单价合理。如果实际价格低于投标价格较多，需与施工单位进行深入的洽商，共同确定合理的定价，确保双方的利益得到保障。

第三，招标文件中规定暂估价的主要材料、设备，其价格确认过程需严格按照相关规定执行。对于需要招标的材料设备，建设工程管理部门应组织规范的招标活动，确保公平竞争和合理定价。对于不需要招标的材料设备，建设工程管理部门和审计机构需分别进行询价，通过对比分析市场价格和供应商信誉等因素，共同确定合理的价格。

第四，主要材料及设备在进场使用和安装前，必须经过严格的验收程序。建设工程管理部门、监理单位和审计机构需共同参与验收工作，对材料设备的数量、质量、规格、型号等进行全面检查，确保进场材料设备符合合同约定和工程质量要求。对于验收不合格的材料设备，应及时进行退货或换货处理，防止不合格产品进入施工现场影响工程质量。

（三）工程进度款支付的审查与评价

首先，审计机构需要对比工程实际进度与计划进度的偏差。这一步骤旨在分析偏差产生的原因以及这些偏差对工程造价和工期的影响。通过这一分析，审计机构能够及时发现工程进度中可能存在的问题，为后续的工程管理和资金安排提供依据。

其次,审计机构需要核实施工单位填报的月度工程价款结算书的真实性和准确性。这些结算书应经过建设工程管理部门的初步审核,确保其与实际完成的工程量相符。审计机构将通过对比施工记录、验收报告等资料,验证结算书中的数据是否真实可靠,防止虚报、瞒报等行为的发生。

最后,审计机构还需关注工程设计变更和施工签证的真实性。设计变更和施工签证是工程进度款支付的重要依据,因此必须确保其真实有效。审计机构将审核这些变更和签证是否符合相关规定,计价方式是否与投标报价一致。当发现实物工程量与施工图纸不符、施工项目与施工合同不符、施工材料发生变化时,审计机构将要求施工单位与建设工程管理部门进行洽商,在此基础上对工程进度款进行据实调整。

为了确保工程进度款支付的合规性和准确性,审计机构将对月度工程价款结算书进行严格的审核认定。未经审计机构审核认定的结算书将不予支付工程进度款。这一措施有助于规范施工单位的申报行为,防止虚报、重复申报等问题的发生,同时也能够保障建设单位的资金安全。

（四）设计变更和施工签证的审查与评价

第一,审查需深入分析变更的理由是否充分,对于施工单位提出的变更,应持谨慎态度,避免施工单位利用变更增加不必要的工程造价。对于设计单位提出的设计变更,应仔细分析变更的原因,如属设计粗糙或错误导致的变更,应依法提出索赔。对于建设单位提出的工程变更,应深入剖析变更的必要性,对不同的变更方案进行经济测算和筛选,为领导决策提供有力的数据支持。

第二,审计人员需核实变更内容是否真实发生,分析其对工程造价的影响。对于采用工程量清单报价的工程,审计人员应严格按照合同条款执行。当合同中有相同或类似的变更子项目综合单价时,应直接按合同单价执行；当合同中没有相应价格时,应依据招标文件及合同约定进行价格确定。对于项目特征或工作内容发生变更的情况,应相应调整其单价,确保工程造价的合理性。

第三,审计人员需核实签证事项是否真实发生,确认其是否为施工图预算或工程量清单中未涵盖的内容。对于签证反映的事项,审计人员应确保其准确性,涉及工程量核算的计算方式及图纸应完整无缺。此外,审查还应关注签证内容的规范性,避免出现既签量又签价、既签量又签消耗、既签单价又签总价等重复计算的问题。

第四,为确保工程费用的准确性,凡涉及费用变动的设计变更和施工签证,审计机构应及时进行核实和确认。对于未经审计机构核实和确认的变更和签证,应坚决不予增加工程费用,以防范资金风险,确保工程投资的效益最大化。

(五)索赔费用的审查与评价

1. 索赔事项的真实性与准确性审查

首先,审计机构需要核实施工单位提出的索赔事项是否真实发生,是否存在虚构或夸大的情况。要求审计人员深入了解施工现场情况,与施工单位、监理单位等进行充分沟通,确保所收集的信息真实可靠。

其次,审计人员需要仔细核对索赔事项与合同条款、施工图纸、设计变更等资料的一致性,分析责任划分是否清晰,索赔理由是否充分。对于存在争议或模糊不清的索赔事项,应进行深入的调查和分析,确保公正、客观地处理。

最后,审计人员需要检查施工单位是否按照合同约定的程序进行索赔申请,是否存在违规操作或遗漏环节。对于不符合规定的索赔申请,应要求施工单位进行补充或修正。

2. 索赔证据的真实性与费用计算的准确性审查

审计人员需要认真核实施工单位提供的各类证据材料,如施工记录、照片、视频、检测报告等,确保其真实有效。对于存在疑问的证据材料,应进行现场核查或委托第三方机构进行鉴定。

同时,审计人员还需要对索赔费用的计算进行仔细核对。包括核对工程量、单价、人工费、材料费、机械费等各项费用的计算是否准确,是否符合合同约定和市场行情。对于计算不合理或依据不充分的索赔费用应予以调整或剔除。

3. 未经审核确认的索赔事项不予支付

为确保索赔费用的合规性和准确性,审计机构对未经其审核确认的索赔事项应不予办理索赔款项的支付。这一措施有助于规范施工单位的索赔行为,防止虚假或夸大索赔的发生,维护建设单位的合法权益。

4. 对过失造成的工期延误及费用增加提出赔偿建议

在审查过程中,如发现由于施工单位或设计单位的过失导致的工期延误及费用增加,审计机构应向建设工程管理部门提出明确的赔偿建议和依据。这有助于建设单位及时采取措施进行索赔或追偿,维护自身的利益。同时,也能对施工单位和设计单位起到警示作用,促使其加强管理和质量控制,提高工程建设的整体水平。

审计机构在施工阶段审计中应密切关注工程施工和工程管理的实际情况,一旦发现存在问题,应及时与建设工程管理部门、监理单位等相关方进行沟通,确保信息的准确传递和问题的及时解决。沟通的目的是增进理解、消除误解,确保各方对存在的问题有清晰的认识,共同寻求解决方案。

为了有效跟踪和反馈问题,审计机构应定期或不定期出具审计报告。这些报告应详细记录审计过程中发现的问题、对问题原因的分析,提出具体的改进意见和建议。通过审计报告,审计机构可以向相关方提供客观、全面的信息,帮助它们了解工程施工的实际情况,认识存在的问题,采取相应的措施加以改进。

三、工程竣工验收后审计

竣工验收后审计主要有以下内容:

(一)工程结算的审查与评价

1. 工程结算的编制依据与内容审查

(1)编制依据的有效性:审查工程结算所依据的文件、图纸、合同、变更指令等是否齐全、有效,且符合相关法律法规和行业规范;核实编制依据是否经过相关部门审批,是否存在未经审批或无效文件作为结算依据的情况。

（2）内容的完整性:检查工程结算书是否包含所有工程项目的费用,包括人工费、材料费、机械费、管理费、税费等;核实结算书是否详细列出了各项费用的计算过程,包括单价、数量、计算方法等,确保内容的完整性和透明度。

2. 工程结算方式与合同约定的审查

（1）结算方式的正确性:核实工程结算采用的方式(如单价合同、总价合同、成本加酬金合同等)是否与合同约定一致;检查结算方式是否符合行业惯例和工程实际情况,避免采用不合理的结算方式导致资金风险。

（2）与合同约定的符合性:仔细对比结算书与合同条款,确保结算内容、方式、期限等与合同规定相符;对于合同中约定的特殊条款或限制条件,检查结算书是否严格遵守,并无违反之处。

3. 设计变更与施工签证的审查

（1）内容真实性与手续完整性:审查设计变更和施工签证的内容是否真实反映了工程实际情况,是否存在虚假或夸大情况;检查相关手续是否齐全,如签证单、变更通知单等是否经过有效签批,签字人是否具有相应权限。

（2）结算增减项目及工程量准确性:核实设计变更和施工签证导致的结算增减项目是否准确,工程量计算是否精确无误;关注是否存在只增不减或工程量计算不合理的情况,以防范提高工程造价的风险。

4. 单价与取费标准的审查

（1）单价的准确性与合理性:对于合同中有相应单价的项目,检查结算书是否执行了相应的单价;对于合同中没有相应单价的项目,检查结算书是否参照了相似或相近项目的单价进行调整,调整是否合理;对于合同中没有相似或相近项目单价的项目,检查结算书是否重新确定了项目单价,并核实确定过程的合理性。

（2）取费标准的准确性:检查结算书中采用的取费标准是否符合合同约定和行业规定;核实取费标准的计算过程是否正确,是否存在漏算、多算或计算错误的情况。

5.合同报价中未做项目与材料价差的审查

（1）未做项目的减项处理：检查合同报价中未做的项目是否已在结算书中做减项处理,确保费用计算的准确性；核实减项处理的计算过程是否正确,避免出现误算或漏算的情况。

（2）材料价差的调整合理性：审查材料价差调整的依据是否充分,调整过程是否合理；关注材料价格变动对工程造价的影响,核实价差调整的幅度是否符合实际情况和市场行情。

（二）合同履行、变更和终止的审查与评价

1.合同履行的审查与评价

在合同履行的审查与评价过程中,应关注以下几个方面：

（1）合同履行的全面性与真实性：核实合同双方是否按照合同约定的条款和条件全面履行了各自的义务,包括工程范围、质量标准、工期要求等；检查合同履行过程中是否存在虚假或夸大履行情况的行为,确保合同履行的真实性。

（2）合同履行差异及其原因分析：分析合同履行过程中出现的差异,如工期延误、质量不达标等,探究差异产生的原因,判断其是否合理、合规；对于差异产生的责任归属进行明确,核实双方是否按照合同约定或相关法律法规进行了妥善处理。

（3）违约行为及其处理结果：检查合同履行过程中是否存在违约行为,如未按时支付款项、未按约定完成工程等,核实违约行为的性质和严重程度；评估违约行为处理结果的合规性,包括处理措施的有效性、对违约方的处罚或赔偿是否合理等。

2.合同变更的审查与评价

合同变更的审查与评价应关注以下几个方面：

（1）合同变更原因的真实性与合规性：核实合同变更的原因是否真实存在,如设计变更、施工条件变化等,评估其合理性和必要性；检查合同变更是否符合相关法律法规和行业规范,是否存在违规操作或滥用变更权利的情况。

（2）合同变更程序的合规性：审查合同变更的程序是否按照合同约定和相关法律法规进行，包括变更申请、审批、通知等环节的合规性；核实变更过程中是否涉及了必要的协商和沟通，确保双方对变更内容达成一致意见。

（3）索赔及反索赔处理的合理性：分析合同变更引起的索赔及反索赔情况，评估其合理性和合规性；检查索赔及反索赔的处理过程是否公正、透明，处理结果是否符合合同约定和相关法律法规。

（4）合同变更对成本、工期等的影响：评估合同变更对工程项目成本、工期等关键要素的影响，确保变更后的合同条件仍然符合项目整体利益；检查变更后的合同文件是否对成本、工期等影响进行了合理调整，确认相关调整是否符合合同约定和行业规范。

3. 合同终止的审查与评价

合同终止的审查与评价应关注以下几个方面：

（1）合同终止的确认与验收：核实合同终止是否经过双方确认和验收，确保合同终止的合法性和有效性；检查合同终止时是否完成了必要的交接和结算工作，确保双方权益得到保障。

（2）最终合同费用及其支付情况：审查最终合同费用的计算过程是否准确、合规，包括工程价款、变更费用、索赔及反索赔等费用的结算情况；检查合同费用的支付情况是否符合合同约定和相关法律法规，确保双方权益得到平衡和保障。

（3）索赔及反索赔处理的合规性：在合同终止阶段，再次检查索赔及反索赔的处理情况，确保其处理结果的合规性和公正性；核实索赔及反索赔的处理是否按照合同约定和相关法律法规进行，避免产生纠纷或遗留问题。

（三）工程竣工财务决算的审查与评价

1. 竣工财务决算报表的审查与评价

（1）报表填制的完整性与准确性：核实竣工财务决算报表是否按照相关规定填制完整，各项数据是否齐全，并符合勾稽关系要求；对比报表数据与账目记录,确保账表数据一致,不存在差异。

（2）决算说明书的真实性与准确性：审查决算说明书中的数据和信息是否真实反映工程实际情况,无虚假或夸大内容；检查是否存在将不具备竣工决算编制条件的建设工程项目提前或强行编制竣工财务决算的问题,确保决算编制符合规定。

2. 项目投资计划执行情况的审查与评价

（1）资金渠道与投入金额：核实各种资金渠道投入的实际金额,检查是否存在建设资金不到位的问题,分析原因及其对工程进展的影响；对比分析计划总投资与实际投资完成额,评估投资计划的执行情况。

（2）投资核算的真实性与合规性：审查建筑安装工程投资、设备投资、其他投资的核算是否真实,无虚报或漏报情况；检查待摊投资支出内容和分摊办法是否符合相关规定,确保投资核算的合规性。

（3）超概算的核实与分析：分析工程项目完成投资是否超出概算,如存在超概算情况,应核实超出的金额,分析产生的原因,如设计变更、材料价格波动等。

3. 交付使用资产的审查与评价

（1）交付条件与手续：检查交付的资产是否符合交付条件,如资产完整性、功能性等；核实移交手续是否齐全、合规,确保资产移交过程的规范性和合规性。

（2）资产核算的准确性：审查交付使用资产的核算是否准确,包括资产价值的计算、分类等,确保资产核算的真实性和准确性。

4. 结余资金的审查与评价

（1）结余资金与物资的真实性：核实建设工程项目结余资金及剩余材料、设备等物资的真实性,确保无虚报或隐瞒情况；检查库存设备、专用材料的账实相符性,确保物资管理的准确性。

（2）资金处置与债权债务：审查结余资金的处置情况,包括资金的使用、分配等,确保合规性；检查应收、应付款项的真实性,清理债权债务,防止虚列往来账隐瞒、转移、挪用结余资金的行为。

（3）质量保证金的预留：检查是否按合同规定预留了承包商在工程

质量保证期间的保证金,确保工程质量得到保障。

5.社会中介机构审核的委托与监督

(1)中介机构的选择与委托:按照国家(地方)有关规定,选择具备相应资质和信誉的社会中介机构进行竣工财务决算的审核工作;由审计机构正式委托中介机构进行审核,确保审核工作的合法性和权威性。

(2)审核过程的监督与管理:对中介机构的审核过程进行监督和管理,确保其按照相关规定和标准进行审核工作;对审核结果进行复核和确认,确保审核结果的准确性和可靠性。

第三节　高校工程审计风险评价

一、高校工程审计风险概述

高校工程审计主要是审计高校校园内正在进行的工程项目。过去大多数审计是在工程项目完成后进行的,现在采用了全过程审计和事后审计相结合的审计模式。但由于高校人员编制限制,审计人员配备不足,对于高校建设工程监督管理能力有限,与社会上其他建设工程管理工作相比存在较大差异。

在工程审计过程中,由于各种原因,可能出现审计人员不能正确发现问题或提供不合适审计意见的情况,这就是工程审计风险。

二、高校工程审计风险的识别

进行风险管理首先要做的就是进行风险的辨识,这是进行风险管理的基本工作,只有运用科学系统的手段方法识别风险,才能选择有效适合的方法进行应对。

（一）高校工程审计风险识别的技术方法

通过对以往资料的收集整理，参考国内外各学者的研究方法，总结出以下几种常见的风险识别方法（表6-1）。

表6-1　风险识别技术方法

风险清单分析法	通过制定和使用详细的风险清单，系统地检查和分析可能存在的风险。审计人员根据经验和专业知识，逐项核对风险清单，评估每个风险的概率和影响程度	适用于常见风险的识别
因果图分析法	也被称为鱼骨图或石川图，通过构建因果关系图，将问题或风险的各种可能原因进行分类和分析。有助于审计人员全面思考和识别潜在的因素和驱动力	适用于比较大型的项目
流程图分析法	通过绘制工作流程图，详细描述和可视化工程项目的各个环节、步骤和相关人员之间的交互关系。有助于审计人员发现潜在的流程问题和风险点	适用于非技术性风险和技术性风险的识别
分解分析法	将复杂的工程项目分解为较小的组成部分，逐个分析和评估每个部分的风险和潜在问题，以发现整体项目风险。	适用于较小项目的识别
失误树分析法	通过分析可能导致事故、故障或失误的各个事件和因素，构建失误树模型，评估不同事件发生的概率和影响。有助于审计人员识别潜在的风险来源和相关因素	适用于各部件较少的风险识别
SWOT法	SWOT分析法是一种常用的战略管理工具，用于评估组织或项目的优势（Strengths）、劣势（Weaknesses）、机会（Opportunities）和威胁（Threats）。通过梳理内部的优势和劣势，以及外部的机会和威胁，可以全面了解高校工程审计中存在的风险和潜在问题，制定相应的应对策略	适用于具有较多案例的识别
专家访谈法	专家访谈法依靠与领域专家的深入交流和咨询，收集他们的经验、见解和建议。审计人员通过与相关领域专家进行面对面的访谈，了解高校工程审计中的潜在风险和问题，获取专业知识和意见。专家访谈法可以补充和丰富其他分析方法所无法获取的信息，帮助审计人员更全面地识别风险	适用于资料不足或较复杂的项目

（二）高校工程审计风险识别的流程

根据前文的分析,高校工程项目内部审计风险识别流程如下:

第一,收集与项目风险有关的信息。收集有关高校工程项目的各种信息,包括项目计划、合同文件、相关技术资料等。

第二,工程项目风险分解。对高校工程项目进行细致的分解,将项目拆分为多个不同的子任务或工作包,然后对每个子任务或工作包进行风险分析。

第三,分析是否有新的风险。根据收集的信息和已知的风险因素,进一步分析是否存在其他未考虑的风险。如果没有则进行下一步,如果有,需要将这些新的风险因素纳入风险识别过程中。

第四,分析是否需要新的分解。如果发现新的风险因素,可能需要进一步细化项目的分解,以更好地识别和管理这些新的风险。

第五,建立最终风险清单。整理所有已识别的风险因素,编制并建立最终的风险清单。在风险清单中,需要详细描述每个风险的性质、影响程度以及可能性等参数。

第六,风险识别报告。根据建立的风险清单,编写风险识别报告,对每个已识别的风险进行详细的说明和评估。报告可以包括风险的来源、可能的影响、应对策略和控制措施等。

第七,风险识别结束。完成风险识别报告后,风险识别阶段结束。这个阶段为后续的风险管理和控制提供了重要的基础和依据。

具体的风险识别流程如图 6-1 所示。

三、高校工程项目内部审计风险评价指标体系

（一）高校工程审计风险因素分析

工程审计风险因素归纳为审计环境风险、审计主体风险、被审计项目风险、其他风险四个方面。在每一个风险因素下又进一步划分(图6-2)。

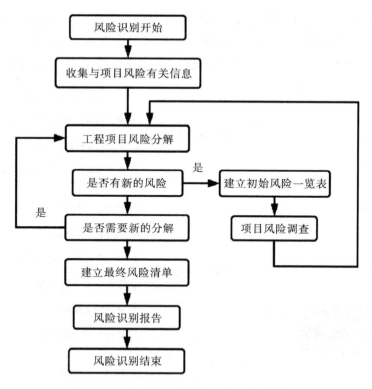

图6-1　工程项目内部审计风险识别流程图

1. 审计环境风险

高校工程审计环境风险是指在进行高校工程审计过程中,与审计工作相关的外部因素可能对审计工作产生影响的风险。工程审计环境风险主要包括以下方面:

第一,引用适当法律法规风险。工程审计过程中,必须严格遵循相关法律法规。如果审计人员未能正确引用或理解相关法规,可能导致审计结论与法规要求不符,进而引发法律风险。因此,审计人员必须保持对法律法规的持续关注和更新,确保审计工作的合规性。

第二,审计制度健全性风险。审计制度的健全性直接关系到审计工作的质量和效果。如果审计制度存在漏洞或不完善,可能导致审计过程中出现问题无法得到有效解决,影响审计结果的准确性和可靠性。因此,建立和完善科学、合理的审计制度是降低审计风险的重要保障。

第三,审计定位准确性风险。审计定位的准确性对于确保审计工作的针对性和有效性至关重要。如果审计定位不清晰或存在偏差,可能导致审计工作偏离重点,无法有效揭示工程项目中存在的问题和风险。因此,审计主体需要明确审计目标,确保审计工作的针对性和实效性。

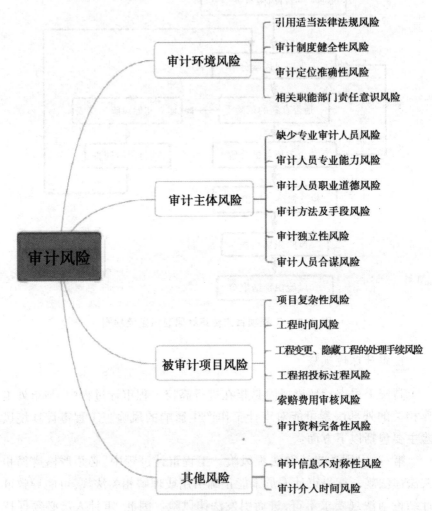

图6-2　高校基建工程项目内部审计风险因素指标体系

第四,相关职能部门责任意识风险。工程审计涉及多个职能部门,这些部门的责任意识强弱直接影响到审计工作的顺利进行。如果相关职能部门缺乏责任意识,可能导致审计过程中信息不畅、配合不力等问题,增加审计工作的难度和风险。因此,加强相关职能部门的责任意识,确保各部门之间的协同配合,是降低审计风险的重要措施。

2.审计主体风险

高校工程审计主体风险主要表现在：

第一，缺少专业审计人员风险是指工程审计团队中缺乏具备足够专业知识和经验的人员。工程审计涉及多个领域，包括工程技术、财务管理、法律法规等，如果审计团队中缺乏这些领域的专业人才，将无法对工程项目进行全面、准确的审计，增加了审计风险。

第二，审计人员专业能力风险是指审计人员的专业技能和知识水平不足以胜任审计工作。审计人员需要不断更新自己的知识体系，跟上工程技术和审计方法的最新发展。如果审计人员的能力不足，将无法有效识别工程项目中的潜在风险和问题，导致审计结果失真。

第三，审计人员职业道德风险是指审计人员在审计过程中可能违反职业道德规范，如泄露机密信息、接受贿赂等。这些行为不仅会影响审计结果的公正性和客观性，还会损害审计机构和个人的声誉，甚至可能触犯法律。

第四，审计方法及手段风险是指审计过程中使用的方法和手段可能存在缺陷或不足。工程审计需要运用多种方法和手段，如文件审计、现场审计、数据分析等。如果审计方法选择不当或运用不当，可能导致审计结果出现偏差或遗漏。

第五，审计独立性风险是指审计人员在执行审计任务时可能受到外部干扰或影响，无法保持独立的判断和立场。独立性是审计工作的基石，如果审计人员无法保持独立，审计结果将失去可信度。

第六，审计人员合谋风险是指审计人员与被审计单位或其他相关方之间存在利益输送或勾结行为。这种风险在工程审计中尤为严重，因为涉及的资金规模较大，利益关系复杂。如果审计人员与被审计单位合谋，将严重损害审计结果的公正性和客观性，甚至可能导致工程项目出现重大风险。

3.被审计项目风险

被审计项目风险主要有：

第一，工程项目复杂导致的风险。随着基础建设的加强，高校工程项目规模逐渐增大，伴随着各种施工问题，如偷工减料、违法分包、工期违约等。这增加了审计工作的难度和对审计员专业知识和细心工作态度的要求。

第二,工程竣工时间紧迫导致的风险。由于工程工期紧张,有时工程施工合同和结算工程量会存在不一致的情况,如设计初期没有进行投标导致施工阶段设计变更,这增加了工程审计的难度和界定工程审计工作的复杂性。

第三,工程变更和隐蔽工程处理不合规导致的风险。隐蔽工程具有隐蔽性,项目管理部门可能存在侥幸心理从而导致偷工减料。这样的问题对工程质量和整体工程安全产生风险。如果没有有效监管隐蔽工程,仅通过完工审核时的取样方式进行审计,很难发现隐藏的问题并进行相应整改。

第四,招投标过程中不合法行为导致的风险。招标过程中涉及多个主体利益,可能出现串标、围标等违法行为,扰乱公平竞争环境,此类行为会给工程审计带来风险。

第五,索赔费用审核风险。索赔费用的真实性、合理性和合规性需要审计人员仔细审核。如果索赔费用存在虚报、重复计算或不合规的情况,将对工程项目的成本和效益产生负面影响。审计人员需要具备丰富的经验和专业知识,以准确判断索赔费用的合理性。

第六,送审资料不齐全导致的风险。缺乏完整的资料可能导致审核人员无法准确了解工程项目的实际情况,从而可能忽略或误判某些重要信息,影响审计结论的准确性。并且,当提交的基础材料不完整时,审核人员需要花费更多的时间和精力去核查相关数据和材料的准确性、可靠性,这进一步增加了审计工作的复杂性和工作量。

4. 其他风险

除了前面提到的风险之外,高校工程审计项目中还可能存在其他风险:

第一,审计信息不对称导致的风险,被审计单位可能会故意扭曲或隐瞒审计相关的信息,导致审计人员无法获取准确的、完整的数据和信息。信息不对称可能由于被审计单位的利益影响,导致审计人员在工作中面临难以获取真实信息的困境。

第二,审计延迟风险。审计延迟指审计工作因审计一方或被审计一方的原因而推迟进行。例如,在审计过程中遇到困难或问题时未能及时寻求解决办法,导致工作进展受阻;又如,反复修正审计报告或相关细节问题,增加了工作的时间和压力。

（二）工程审计风险评价体系的构建方法

构建高校工程审计风险评价体系需要考虑到高校工程项目的特点和风险形势,下面是基本的构建步骤:

（1）明确需要进行审计的具体高校工程项目或业务范围,包括涉及的学院、部门以及相关的利益相关方。

（2）识别潜在风险因素:对高校工程项目进行全面分析,识别可能影响项目实施过程和成果的各种风险因素,如技术、财务、合规、安全等方面的风险。

（3）制定评价指标体系:基于识别的风险因素,建立相应的风险评价指标体系,包括风险概率、影响程度、控制难度等指标,考虑高校特有的一些风险,如学术风险、学生管理风险等。

（4）数据收集和分析:收集与上述指标相关的数据,包括历史数据和当前情况,进行风险数据分析,评估风险的可能性和影响程度。

（5）建立风险评价模型:基于收集的数据和指标,建立高校工程审计风险评价模型,结合高校实际情况,可以采用定量分析方法、风险矩阵、事件树分析等方法。

（6）风险应对策略:根据风险评价结果,制定相应的风险管理策略和对策,包括风险预防、转移、接受和控制等方案,结合高校特点,考虑师生利益保障、学术声誉等因素。

（7）定期评估和改进:建立定期评估机制,对高校工程审计风险评价体系进行监督和检查,根据实际效果进行调整和改进,同时注重风险管理知识的培训与应用。

在构建高校工程审计风险评价体系时,还需要充分考虑国家相关政策法规、教育主管部门要求、国际标准,以确保评价体系的合规性和适用性。同时,要高度重视风险评价过程中的信息保密和数据完整性,确保评价过程的公正性和客观性。

四、高校工程审计风险的防范措施

高校工程审计风险防范措施主要涵盖以下几个关键方面:

（一）加强审计队伍的专业化建设

第一，审计人员应具备扎实的财务、工程、法律等专业知识，通过定期的业务培训、学术交流等方式，不断提升自身的业务水平和综合素质。

第二，鼓励审计人员参加专业资格考试，获取相应的执业资格，提高审计工作的专业性和权威性。

（二）完善审计内控制度

第一，制定详细的审计流程、标准和规范，确保审计工作的有序进行。

第二，建立健全审计质量控制体系，对审计过程进行全程跟踪和监控，确保审计结果的准确性和可靠性。

第三，加强内部监督和责任追究机制，对审计工作中出现的问题进行及时纠正和处理。

（三）强化工程项目管理

第一，在工程项目立项、招标、施工、验收等各个环节，加强审计监督，确保项目合规性。

第二，对工程项目中的变更、签证等事项进行严格把关，防止虚报、冒领等问题的发生。

第三，加强对工程材料、设备价格的审计，确保价格合理、质量可靠。

（四）加强信息化建设

第一，利用现代信息技术手段，如大数据、云计算等，提高审计工作的效率和准确性。

第二，建立工程审计数据库，实现数据共享和实时更新，方便审计人员随时查询和比对。

第三，通过信息化平台，加强与其他部门的沟通协作，形成合力，共同防范审计风险。

（五）引入第三方审计机构

对于重大工程项目或复杂审计任务,可以引入具有专业资质和丰富经验的第三方审计机构进行协助。通过第三方审计机构的参与,可以弥补高校内部审计力量的不足,提高审计工作的专业性和权威性。

（六）保证审计结果的公开与透明

第一,定期发布审计结果和整改情况,接受广大师生和社会各界的监督。

第二,建立审计结果反馈机制,对审计中发现的问题及时整改,并将整改情况向相关部门和人员报告。

综上所述,高校工程审计风险防范需要多方面的综合措施,从人员、制度、技术等多个层面入手,形成全方位、多层次的防范体系。通过这些措施的实施,可以有效降低高校工程审计风险,保障学校资金的安全和合规使用。

第七章

高校内部审计管理理论与实践

第一节 内部审计质量管理

内部审计质量管理是指为实现审计质量方针与目标而进行的所有具有管理性质的活动,包括确定审计质量方针和目标,制定相关的质量策划、控制、确认和改进的方法和标准。质量管理应贯穿于整个审计过程中,从审计规划、执行、报告到后续改进,确保审计工作的质量达到预期目标。

一、内部审计质量方针与目标

内部审计作为组织管理的重要环节,其质量方针应由最高决策机构与内部审计负责人共同讨论确定。在制定内部审计质量方针前,内部审计负责人需对内部审计的发展及利益相关者的需求有明确的认识。在风险基础内部审计模式下,组织内部审计的重心和利益相关者对内部审计的要求已发生重大变化:首先,内部审计须以组织风险为关注焦点,评价组织风险管理的方式和效果;其次,内部审计需提升股东价值,关注组织价值在各利益相关者间的合理分配及代理人是否损害股东利益;最后,内部审计应系统化、规范化地评价和改进风险管理、内部控制及公司治理程序,从传统的控制措施转变为重要的治理要素。[①]

因此,风险基础内部审计的质量方针应从公司战略角度审视风险,设计审计服务产品,高效完成审计任务,为管理层提供审计服务,展示内部审计的价值。内部审计质量方针既需高度概括,具备强烈感召力,又需进一步明确和具体化。在此基础上,制定内部审计质量目标,为全体内部审计人员提供关注焦点,有助于内部审计机构有目的地分配和利用资源。

---

① 董大胜,韩晓梅.风险基础内部审计 理论·实务·案例 [M].大连:大连出版社,2010.

在制定内部审计质量目标时,需要充分考虑以下几个关键要素:

第一,确保内部审计质量目标与质量方针的一致性。质量方针为质量目标提供了制定和评审的框架,因此内部审计质量目标应建立在质量方针的基础上,以确保各项审计工作在此框架内有效开展。

第二,要充分了解组织的现状和未来需求。在制定内部审计质量目标时,既不能过于理想化,设定过高或过低的目标,导致实际工作中难以实现;也不能过于简单,使目标缺乏挑战性,无法激发内部审计人员的积极性。因此,在制定质量目标时要充分考虑组织的实际情况,设定既具有挑战性又可实现的内部审计质量目标。

第三,关注内部审计利益相关者的期望。只有充分了解和满足利益相关者的需求,才能使质量目标具有充分的引导作用,确保内部审计工作能够为组织带来更大的价值。因此,在制定内部审计质量目标时,要充分考虑利益相关者的期望,以确保审计质量目标的实现能够满足各方需求。

第四,从内部审计的弱项和存在的问题出发,制定具有针对性的质量目标。只有针对组织内部审计存在的问题制定质量目标,才能确保质量目标的针对性和挑战性,使实施过程具有可操作性。为此,内部审计部门需深入剖析自身存在的问题,以便为制定质量目标提供有力依据。

第五,确保内部审计质量目标是可衡量的,设立中长期、年度和短期质量目标。同时,还需将质量目标细分到具体的审计项目和相关审计人员,以便更好地监控和评估审计工作的实施效果。通过这种方式,内部审计部门可以更加明确地了解自身在实现质量目标过程中的进展,从而有针对性地进行改进和优化。

二、内部审计项目的质量控制

内部审计项目质量控制分为四个阶段:审前阶段、审计过程中、审计报告阶段和后续审计阶段。

第一,审前阶段重点关注审前调查和审计方案制订。通过查阅内部控制制度设计、管理规定和业务操作流程等文件,访谈管理层和实地参观等方式,了解被审计单位的制度设计,明确审计重点和目标,设计切实可行的审计程序。审前调查与审计组成员充分沟通,达成共识的审计方案具有较强操作性。

第二，审计过程中需建立审计日记、审计底稿复核制度，保持与被审计单位的沟通。审计人员需详细记录审计程序、抽样、结论过程和小组讨论情况，以备无效审计时明确责任人。实行审计底稿复核制度，设置审计质量内部控制环节，减少审计风险，提高审计质量。在审计过程中，内部审计人员须保持服务意识，真诚地与被审计单位管理层沟通，避免随意下结论。

第三，审计报告阶段关注报告撰写、复核和征求意见。审计报告措辞应积极，旨在帮助改善管理。审计建议的落实取决于管理部门的努力，故需征求被审计单位与管理层的意见，核实不同意见后修订。通过征求意见环节，还可与被审计单位沟通建议落实期限，提供咨询帮助，避免误解。审计报告质量控制需进行复核，检查完整性、客观公正性和建议的科学性及可操作性。

第四，后续审计阶段目的在于抽查审计项目，关注审计意见落实。若审计建议得以落实，则实现内部审计目标，表明审计质量得到认可。若未落实，需听取被审计单位反馈，反映给高级管理层协助落实。对于不切实际的建议，审计组成员应分析原因，改进下一次审计项目，形成良性循环。

三、内部审计的质量确认复核与评价

（一）内部审计质量确认复核与评价的作用

1. 内部审计质量确认复核与评价是建立内部审计激励和约束机制的基础

第一，通过对内部审计工作的质量确认复核与评价，可以确定评价指标和标准，建立内部审计的绩效评价体系。这些指标和标准可以包括审计报告的准确性、完整性、时效性，审计项目的覆盖范围、深度和广度等要素。凭借这一绩效评价体系，组织可以根据内部审计的实际表现，对内部审计团队进行激励和约束。

第二，基于内部审计质量确认复核与评价的结果，组织可以设定具

体的内部审计目标,设立相应的奖励和惩罚机制。通过设定明确的目标,可以激励内部审计团队努力提高工作质量和效率,使其对组织的目标达成发挥积极的促进作用。

第三,质量确认复核与评价可以为内部审计团队提供客观的反馈,指出其在审计工作中的不足并提供改进机会。这有助于促使内部审计团队进行自我反思和持续改进,不断提升工作水平和质量。

第四,质量确认复核与评价还可以强化内部控制和风险管理。通过及时发现审计过程中存在的问题和风险,根据评价结果采取相应的措施加以改进,可以提高组织的内部控制效能,减少潜在的风险。

2. 内部审计质量确认复核与评价能为内部审计机构带来显著的增值机会

第一,通过质量确认复核与评价,可以证明内部审计机构的专业能力和质量水平,进而提升其在组织内的声誉。优秀的审计工作质量可以赢得组织和利益相关者的信任和尊重,为内部审计机构带来更多的合作和委托,进一步拓展其业务范围和影响力。

第二,内部审计质量确认复核与评价可以为内部审计机构提供客观的外部认证,增强其市场竞争力。拥有可靠和可信赖的评价结果,可以在市场上树立良好的形象和声誉,吸引更多的客户和合作伙伴。同时,客户也更倾向于选择经过质量确认复核与评价的内部审计机构,以获得优质的服务和有保障的审计报告。

第三,通过质量确认复核与评价,内部审计机构可以识别并改进工作中的不足之处,进一步提高工作效率和质量。更高的工作质量和效率将为内部审计机构节省成本并节约资源,从而为其带来更多的业务收入。

第四,质量确认复核与评价可以提供对内部审计实践的反馈和改进机会,进一步促使内部审计团队不断学习和进步。通过借鉴其他优秀机构的经验和做法,根据评价结果进行必要的改进,内部审计机构能够不断提升自身的专业水平和实践能力。

3. 内部审计质量确认复核与评价可以更好地支持管理层工作

第一,内部审计质量确认复核与评价的过程确保了审计工作的独立性和客观性。审计人员根据事实和证据,提出客观的审计结论和建议,对于管理层制定决策和改进业务运营提供重要依据。

第二，内部审计的核心任务是发现组织内部的潜在风险和问题。通过质量确认复核与评价，可以确保审计工作的全面性和有效性，进一步提高发现问题的准确度和及时性。这些问题可能涉及内部控制缺陷、合规风险、财务不准确等，为管理层提供了及时警示，促使他们采取相应的措施进行纠正和改进。

第三，内部审计质量确认复核与评价还可以为管理层提供有针对性的建议和改进机会。基于对内部审计工作的评价结果，可以针对发现的问题和改进的机会提供具体的建议，帮助管理层制定更有效的业务决策和管理措施。

第四，内部审计的一个重要目标是加强组织的内部控制和风险管理。质量确认复核与评价可以识别内部控制的弱点和风险短板，提供相应的改进建议。这有助于管理层完善内部控制机制，降低潜在风险的发生和影响，提升整体业务运营的可持续性和稳定性。

（二）外部机构对内部审计质量确认复核与评价

独立的第三方一般是指与被复核与评价的内部审计机构没有直接利益关系的外部机构或专业人员。这样的第三方可以是大型的多部门内部审计机构中独立设立的复核与评价人员，也可以是会计师事务所或专门的质量确认复核和评价的咨询顾问公司。

独立的第三方具有客观性和可信度，它们可以将多个内部审计机构的信息进行比较，从中得到有益的启示和帮助。它们更关注内部审计的程序是否符合相关准则，并给出相应的评价。

外部复核与评价小组在接到内部审计质量确认复核与评价任务后，首先需要开展一些初步工作，包括发布通告，部署资源和安排时间计划，与内部审计管理人员约谈和约见与内部审计相关的管理层成员。接下来，小组将实施复核与评价程序。他们将调查内部审计部门的规章制度，了解其持续教育活动情况，复核预算、差旅费以及时间报告程序等。此外，他们还会复核风险分析和计划程序、审计项目计划的合理性以及已完成的审计项目的工作底稿，评价审计方案是否支持确定的风险、审计范围以及执行的工作等。复核与评价小组在完成复核与评价程序后，需要将结果向相关人员报告。他们应该根据发现的事实编写初稿，然后被复核的审计小组应该有机会对这些发现作出反应，列出他们计划采取的纠正措施。最后,复核与评价小组将形成内部审计质量确认复核与评价报告,其中包括内部审计部门遵循相关准则、职业道德和内部审计管理规定的情况以及提出的改进建议等。

（三）内部审计质量确认复核与评价

在大型的、多部门的内部审计机构中设立专门的复核与评价人员或团队进行自我内部审计质量确认复核与评价,是一种有效的方法。

内部审计人员对组织情况、流程和总体内部审计程序非常熟悉,他们了解内部审计的要求和标准,并且更容易识别和评估审计工作中的缺陷和改进机会。他们可以通过自我复核与评价,不仅能提高自身工作的质量和效果,还能更好地发现并解决内部审计中存在的问题。

此外,自我复核与评价确实具有成本效益优势。相对于聘请外部机构进行复核与评价,自我复核与评价节省了外包费用,允许内部审计部门将其资源和预算用于内部改进和提升。

除了外部复核与评价所开展的正式程序之外,自我内部审计质量确认复核与评价可以借鉴"控制风险自我评估（Control Risk Self-Assessment, CRSA）"中的程序开展工作。控制风险自我评估是一种常用的自我评估方法,用于评估和管理内部控制风险。它涵盖了组织内部控制的设计和有效性评估、风险的识别和评估、控制活动的监督和改进等方面。

确定评估目标:明确自我内部审计质量确认复核与评价的目标和范围。明确要评估的关键方面,如内部审计准则的符合性、工作文件的完整性和准确性、独立性和客观性等。

开展风险识别和评估:利用 CRSA 方法中的风险识别和评估工具,识别可能影响内部审计质量的风险因素。例如,将不符合内部审计准则、重大错误或失误、独立性冲突等作为潜在的风险。

评估现有控制措施:通过 CRSA 的控制活动评估过程,评估内部审计部门已有的质量保证措施的有效性和适当性。例如,对内部审计工作文件的规范性、审计计划的编制过程、审计报告的准确性等进行评估。

设计改进措施:根据评估的结果,确定需要改进和加强的领域,制定相应的改进措施和行动计划。这些改进措施包括增强员工培训、优化内部审计工作流程、加强与利益相关者的沟通等。

监督与持续改进：确保持续监督和跟踪改进措施的实施情况，以及内部审计质量的改善效果。定期进行复核评估，检查改进措施的有效性，根据需要做出适当的调整和改进。

针对上述工作，内部审计机构可以开展以风险为导向的协调性会议，采用 SWOT 分析（优势、劣势、机会、威胁）等工具来系统地识别和评估内部审计风险。重点关注可能阻碍目标实现的风险和壁垒，讨论如何管理这些风险。邀请被审计单位、管理层成员参与讨论，可以增加对关键风险的共识和对策的有效性。

另外，内部审计机构还可以开展以问卷为基础的调查。问卷应包含明确的评价指标和问题，涵盖内部审计准则的遵循情况、工作质量和表现的各个方面。确保问卷设计合理、清晰，并保证参与者的回答匿名和保密，以鼓励他们提供真实和客观的反馈意见。此外，问卷调查的结果应被用作制订改进计划的基础，并与被审计单位和利益相关者分享。

第二节　内部审计风险管理

一、内部审计风险的含义

内部审计风险是指在进行内部审计过程中可能面临的各种潜在风险和不确定性。这些风险可能对内部审计活动的有效性、可靠性和全面性产生负面影响，从而影响内部审计部门的能力以及对组织的价值创造和风险管理提供适当的支持。内部审计风险具有以下一些特征：

（1）多样性：内部审计风险的来源和形式多种多样。它涉及组织内部控制的弱点、管理决策的不当、数据完整性、员工不当行为等各个方面。内部审计风险是一个广泛而复杂的领域，需要对组织的各个方面进行综合考虑。

（2）动态性：内部审计风险是不断变化的。随着组织内部和外部环境的变化，新的风险可能会出现，旧的风险可能会消失或演变。因此，内部审计部门需要持续跟踪和评估风险状况，及时采取适当的控制和监测措施来应对变化。

（3）相互关联性：内部审计风险之间通常存在相互关联和影响。一个风险事件可能导致其他风险事件的发生或加剧。因此，内部审计部门在评估和管理风险时需要考虑这种相互关联性，以避免错失整体风险图景。

（4）潜在性：内部审计风险通常是潜在的，即尚未发生或被发现的风险。意味着内部审计部门需要通过合适的风险评估方法和技术，识别和量化潜在的风险，及时采取控制措施以防患于未然。

（5）影响广泛：内部审计风险可能对组织的多个方面和利益相关者产生广泛的影响。它可能会影响组织的财务状况、声誉、合规性、经营绩效等方面，甚至对整个组织的存续和可持续发展造成重大威胁。

了解内部审计风险的特征有助于内部审计部门更好地识别、评估和管理风险。

二、内部审计风险的种类

内部审计风险的种类可以从不同角度进行分类。以下是一些常见的内部审计风险的种类：

操作风险：包括内部控制不完善、业务流程不规范、内部程序错误或冲突等导致错误、疏漏、盗窃和损失发生。例如，未能正确实施身份验证措施可能导致未授权人员获取敏感信息或资源。

法律和合规风险：涉及组织应遵守的法律法规、行业规范和内部政策的合规问题，如财务报告准确性、数据隐私保护、反腐败合规等。例如，违反税法规定可能导致罚款和法律责任。

财务风险：与财务报告的准确性、透明度和合规性有关，包括虚假报账、财务舞弊、资金洗钱等。例如，违规处理资金可能导致财务欺诈和重大经济损失。

信息系统风险：包括网络安全威胁、数据泄露、黑客入侵、系统故障等，导致信息安全和数据完整性受到威胁。例如，未能及时检测和修复系统漏洞可能导致恶意攻击和数据泄露。

人员管理风险：包括人员素质问题、员工欺诈、不当行为等，会影响审计过程的独立性和可靠性。例如，内部审计人员参与与被审计部门相关的利益冲突可能影响其独立判断和公正性。

战略和业务风险：与组织的战略目标和业务活动相关的风险，如市场变化、竞争压力、运营效率等。例如,未能及时应对市场变化可能导致业务损失和竞争劣势。

从审计风险管理的角度还可将审计风险分为可控风险和不可控风险。

可控风险是指由审计机关或审计人员可以直接控制的因素导致的审计风险。这些因素包括审计人员的素质和工作态度、审计方法和程序的选择与执行、审计机关对审计工作的管理和监督等。通过提高审计人员的专业素养和培训水平、制定明确的审计政策和程序、加强内部控制和质量管理,审计机关可以控制这些因素,减少可控风险的发生和影响。

不可控风险是指由于外部环境或被审计单位内部因素等不可预见因素引发的审计风险,审计机关和审计人员无法直接控制这些因素。外部因素可能包括经济、政治、法律等方面的变化,内部因素可能涉及被审计单位的内部控制体系、管理层的诚信度和合作意愿等。尽管审计机关和审计人员无法直接控制不可控因素,但他们可以通过与被审计单位建立有效的沟通和合作关系、采用灵活的审计方法和程序,以及增强对外部环境的了解和应对能力来应对不可控风险。

三、内部审计风险的防范

随着高校经济活动日益多样化,风险也相应增加。债务风险、实物资产风险、战略决策风险等成为高校运营中不可忽视的因素。为此,高校审计部门开始将风险管理作为工作重点,主动识别并评估潜在风险,提出风险警示和防范措施。这不仅有助于高校更好地应对风险,也有助于提升高校运营的稳定性和安全性。

(一)健全审计风险管理制度

第一,建立审计风险预警机制,定期开展审计风险排查与清除,准确识别和评估审计工作中的潜在风险,制定相应的应对措施,及时向相关部门发出预警信号。

第二,建立审计监管机制,加强对审计项目的跟踪管理,督促被审计部门按规范进行,重点关注财政资金的使用情况,详细了解项目进展,识别并纠正风险隐患问题。

第三,实施不相容岗位分离制度,根据工作需求合理配置岗位人员,特别是在涉及重要环节如资金、预算、财务审批等方面,保证至少配备两名工作人员,避免利益驱动引发违法行为,建立相互牵制、相互影响的工作环境,促使内部审计的严谨性和权威性得到凸显。

通过以上措施,可以加强对审计风险的预警和管控,确保审计工作的有效性和规范性。

(二)优化审计流程规避风险

第一,确定审计目标和范围。在开始审计之前,明确审计的目标、范围和重点,确保审计工作的有针对性和高效性,避免浪费资源和时间。

第二,制订审计计划。根据审计目标和范围,制订详细的审计计划,包括审计阶段、时间安排、人员分工等内容,确保审计工作按照计划有序进行。

第三,进行审计程序和测试。根据审计计划进行必要的审计程序和测试,收集相关证据和信息,对审计对象的风险因素进行评估和分析。

第四,强化内部沟通和合作。与被审计单位的内部人员进行积极沟通和合作,收集更全面的信息和数据,加深对业务流程和内部控制的理解。

第五,采用多种检查手段。除了传统的文件审查和现场检查外,可以采用数据分析、系统审计等技术手段进行审计工作,提高审计的准确性和覆盖范围。

第六,风险发现和追踪。在审计过程中,及时发现潜在风险和异常情况,进行适当的跟踪和追踪,确保问题的解决和纠正。

第七,书面报告和反馈。在完成审计工作后,及时编写审计报告,将审计结果详细记录,向有关部门和管理层提供书面报告和建议,促使问题得到解决。

通过优化审计流程,能加强对内部审计风险的识别和管理,提高审计的效果和效率。合理有序的流程可以有效规避潜在的风险,为组织提供准确和全面的审计信息,帮助管理层做出明智的决策。

（三）采用外包模式降低风险

实施内部审计服务外包模式可以有效降低内部审计风险,同时能够利用外部专业机构的专业知识和经验,提高审计质量和效率。

第一,确保选择有良好信誉和丰富经验的外部审计服务提供商,可以通过评估其专业背景、资质认证、客户反馈等方面进行筛选。

第二,与外部审计服务提供商签订明确的合同,明确双方的权责和保密义务,确保审计工作符合法律法规和相关要求。

第三,明确委托任务的审计目标和要求,确保外部审计服务提供商能够准确理解并满足组织的审计需求。

第四,设立内部审计服务外包的监督机制,监督外部审计服务提供商的工作进展、质量控制和报告提交等,确保外部审计服务的及时性和准确性。

第五,及时与外部审计服务提供商进行沟通和协作,保持信息畅通,及时解决可能出现的问题和困难,确保审计工作的顺利进行。

第六,建立对外部审计服务提供商的审计工作进行追溯的机制,确保审计结果的可审计性和可追溯性,为日后可能出现的审计纠纷提供依据。

（四）做好固有风险分析与评估

做好固有风险分析与评估是防范内部审计风险的一项重要工作。以下是关于固有风险分析与评估的一些建议。

第一,确定固有风险评估的范围和目标。明确要评估的范围,包括组织的各个业务领域、流程和内部控制环境等。确定评估的目标,如识别潜在的审计风险点、弱点和漏洞等。

第二,获取与评估范围有关的内部文件、报告、数据、协议等资料,了解组织内部的运营情况、业务流程和管理控制体系等。

第三,通过审查和分析收集的资料,识别可能存在的潜在风险点。这涉及了解组织内部的业务风险、管理风险和合规风险等方面。

第四,对识别出的潜在风险点进行评估,确定其影响程度和发生可能性。可以是定性评估或定量评估,根据实际情况采用适当的方法。

第五,根据风险评估结果,制定相应的风险应对策略,包括制定改进措施、完善内部控制和管理制度等,以减少风险的发生概率和影响。

第六,定期监测已评估的固有风险,及时进行更新。有助于及时发现新的风险点和变化,采取相应的调整和应对措施。

通过做好固有风险分析与评估,组织可以识别和了解内部审计风险,有针对性地进行风险防范和控制措施,这将为内部审计的准确性、全面性和有效性提供重要的支持和保障。

第三节　高校内部审计管理实践

一、高校内部审计管理的影响因素

(一)外部影响因素

经济、社会文化、科技和政治法律等外部影响因素会对高校内部审计管理产生影响。

(1)宏观经济状况和市场环境对高校的运作和决策产生重要影响。比如,经济不稳定可能导致财务风险增加,高校需要加强相关审计活动;高校在经济发展较好的环境下,可能面临更多投资和项目合作的机会,需要加强风险管理和内部审计的质量控制。

(2)社会文化因素可以影响高校内部审计质量控制和风险管理的关注点和方法。比如,社会对透明度和责任的要求上升,高校内部审计需要更加注重信息披露和社会责任的审计;同时,社会对个人隐私和数据安全的关注也会对高校内部审计的风险管理产生影响。

(3)科技的迅速发展和应用给高校内部审计带来了新的挑战和机遇。技术创新为审核程序和数据分析的应用提供了更多可能性,高校内部审计需要适应科技环境的变化,提高审计效率和准确性。

(4)政府颁布的政策、法规和监管要求对高校内部审计活动有直接影响。政治法律环境的变化可能会引起高校内部审计的调整,包括监管要求的变化和法规合规风险的影响。

（二）内部影响因素

通常而言，以下因素会对高校的内部审计管理产生影响：

（1）高校的内部制度包括规章制度、政策和程序，对内部审计的质量控制和风险管理起着重要的作用。例如，内部审计职责与权限的明确、审计程序的规范化、内部审计报告的流程等都是内部制度的一部分。

（2）高校的组织结构、管理层级、职责分工等会影响内部审计的质量控制和风险管理。一个健全的管理框架能够促进信息流动、责任落实和有效监督，有利于内部审计的开展。

（3）现代技术对内部审计的质量控制和风险管理产生了重要影响。如数据分析工具、信息系统审计技术等的应用可以提高审计效率和准确性。同时，网络安全技术的发展也有助于保护内部审计数据的安全性。

（4）内部审计团队的专业素质、经验和能力是影响质量控制和风险管理的重要因素。团队成员的培训、持续发展和沟通合作水平都会对内部审计的质量产生直接影响。

（5）高校的内部控制环境是内部审计质量控制和风险管理的基础。一个健全的内部控制体系可以帮助预防和检测潜在的风险，为内部审计提供可靠的依据和可行性。

下面以高校自行审计项目管理和内部审计业务外包的管理为例进行分析。

二、高校自行审计项目管理实践

高校自行审计项目管理是指高校内部审计机构对校内各类审计项目进行计划、组织、指挥、控制和协调的过程，旨在确保审计工作的规范、高效和有序进行，以维护高校的经济秩序和财务安全。这一管理过程涉及多个方面，从项目立项到审计结果整改落实都需要精心组织和严格控制。

（一）高校自行审计项目管理的现状和挑战

随着高校对内部审计工作的重视度提升，审计项目管理体系正逐步得到完善。高校普遍建立了较为完备的审计制度，明确了审计流程、标准和规范，为审计项目的有序开展提供了制度保障。越来越多的高校开始利用信息技术手段进行审计项目管理，如采用审计软件、建立审计数据库等，提高了审计工作的效率和准确性。高校审计团队的专业素养和综合能力得到了显著提升，审计人员普遍具备较高的专业水平和丰富的实践经验，能够应对复杂多变的审计任务。

然而，高校审计项目涉及资金量大、涉及面广，项目管理复杂度高。审计人员需要综合考虑多个因素，如项目立项、预算编制、合同管理、进度控制等，以确保审计项目的顺利实施。随着高校经费来源的多元化和审计范围的扩大，审计风险也相应增加。审计人员需要密切关注各类风险点，采取有效的风险防控措施，确保审计工作的质量和安全。部分高校审计团队人员配备不足且缺乏系统的培训机制，导致审计人员在面对复杂项目时可能能力不从心，难以胜任高质量的审计工作。由于高校自行审计项目管理涉及多个部门和单位，如财务、基建、科研等。在跨部门协作过程中，由于沟通不畅、利益冲突等原因，导致项目管理出现梗阻，影响审计工作的顺利进行。

（二）高校审计项目管理的核心内容

首先，项目审计方案的编制是审计项目管理的起点和基础。一个科学、合理的审计方案，能够为后续的审计工作提供明确的指导和依据。在编制审计方案时，高校应充分考虑自身的实际情况和需求，明确审计的目标、范围、重点和方法，确保审计工作的针对性和有效性。同时，审计方案还应具有可操作性和灵活性，能够适应不同审计项目的特点和需求。

其次，审计方案的组织实施是审计项目管理的关键环节。在这一阶段，高校应严格按照审计方案的要求，选派具有专业素质和业务能力的审计人员，明确各自的职责和任务，确保审计工作的顺利进行。同时，高校还应加强对审计过程的监督和管理，确保审计人员能够按照规定的程序和方法进行工作，防止出现偏差和错误。

再次,审计项目的管理与控制是确保审计质量的重要手段。在审计过程中,高校应建立有效的质量控制机制,对审计工作的全过程进行监督和检查,包括对审计底稿的复核、对审计发现问题的确认和核实、对审计报告的审核等。通过这些措施,可以及时发现和纠正审计工作中存在的问题和不足,确保审计结果的准确性和客观性。

最后,随着信息技术的发展,高校还可以借助现代科技手段来优化审计项目管理。例如,利用大数据、云计算等技术对审计数据进行处理和分析,提高审计工作的效率和质量;利用项目管理软件对审计流程进行可视化管理,便于实时监控和调度资源。这些技术的应用不仅可以提升审计项目管理的水平,还可以为高校内部审计工作带来新的发展机遇。

(三)高校内部审计机构与项目负责人的角色定位与责任担当

内部审计机构与项目负责人在高校自行审计项目管理中扮演着至关重要的角色,他们的职责履行直接关系到审计工作的质量和效果。

第一,内部审计机构负责人的职责主要体现在宏观层面和战略高度。他们负责选派具备专业能力和经验的审计项目负责人,并进行有效的授权,确保审计项目能够有序、高效地进行。同时,他们还需要审定项目审计方案,从整体上把握审计的方向和目标,确保审计工作的针对性和有效性。在审计项目实施过程中,内部审计机构负责人还需进行督导,及时解决审计过程中遇到的重大问题,保证审计工作的顺利进行。此外,他们还需审定审计报告,对审计结果进行把关,确保审计结论的准确性和客观性。他们还需督促被审计单位对审计发现的问题进行整改,确保审计成果得到有效利用。

第二,审计项目负责人的职责则更侧重于具体的审计任务和现场工作。他们需要依据审计方案,组织审计项目的实施,确保审计程序和方法得到正确执行。在项目执行过程中,项目负责人还需进行现场督导,对审计人员的工作进行指导和监督,确保审计工作的质量和进度。同时,他们还需及时向内部审计机构负责人汇报审计进展和重大发现,为决策提供支持。在审计结束后,审计项目负责人还需组织编制审计报告,对审计结果进行总结和归纳,并提出有针对性的意见和建议。此外,他们还需组织实施后续审计,对整改情况进行跟踪和检查,确保审计问题得到彻底解决。

在职责履行过程中,内部审计机构负责人与项目负责人需要密切协作、相互配合。内部审计机构负责人应为项目负责人提供必要的支持和保障,解决其在工作中遇到的困难和问题;项目负责人则应积极履行职责,确保审计工作的顺利进行。二者之间的有效沟通和协调是确保审计项目管理成功的关键。

(四)高校审计项目管理的辅助工具与档案管理

在高校自行审计项目管理中,辅助工具的运用与档案管理不仅是提升工作效率的关键,更是保障审计质量和实现精细化管理的必要手段。

首先,辅助管理工具的运用在审计项目管理中起到了事半功倍的效果。审计工作授权表明确了审计人员的职责和权限,有助于确保审计工作的顺利进行;审计任务清单详细列出了审计任务的具体内容和要求,为审计人员提供了清晰的工作指南;审计工作底稿检查表则用于对审计底稿进行复核和检查,确保审计证据的真实性和完整性;审计文书跟踪表则用于跟踪审计文书的流转和处理情况,提高审计工作的效率。这些辅助管理工具的运用,使审计项目管理更加精细化、系统化,有助于提高审计工作的质量和效率。

其次,档案管理是审计项目管理中不可忽视的一环。完善的档案管理制度不仅有助于保存审计历史资料,为后续的审计工作和研究提供参考,还能确保审计工作的连续性和可追溯性。高校应建立严格的档案归档、保管、查询、复制、移交和销毁等管理制度,确保审计档案的安全性和完整性。同时,还应加强对审计底稿的管理,确保底稿的真实性和完整性,为审计报告的编制提供有力的支撑。

最后,随着信息技术的不断发展,高校还可以借助现代信息技术手段来优化审计项目管理和档案管理。例如,利用电子档案系统对审计档案进行数字化管理,便于档案的查询、复制和共享;利用项目管理软件对审计项目进行在线管理,实现信息的实时更新和共享;利用大数据分析技术对审计数据进行深度挖掘和分析,为决策提供更加科学的依据。这些现代信息技术的应用,不仅可以提高审计项目管理和档案管理的效率和质量,还可以推动高校内部审计工作的创新和发展。

（五）高校自行审计项目管理的优化建议

针对高校自行审计项目管理的现状和挑战，可以通过以下方面来强化管理并提升审计项目的效能：

首先，建立健全审计项目管理体系。高校应明确审计项目管理的流程、标准和规范，形成一套科学、系统、可操作的管理体系。通过制定详细的管理制度和操作指南，为审计人员提供明确的工作指引，确保审计项目管理的规范化和标准化。

其次，加强审计团队建设与人员培训。高校应注重审计团队的专业素养和综合能力提升，选拔具有丰富经验和专业技能的审计人员，定期进行业务培训和知识更新。通过提升审计人员的专业水平和责任意识，确保审计项目的高质量完成。

再次，推动信息化与智能化管理。高校应充分利用现代信息技术手段，推动审计项目管理的信息化和智能化。通过引入项目管理软件、大数据分析等工具，实现审计数据的快速处理、分析和管理，提高审计工作的效率和准确性。同时，利用云计算、人工智能等技术，对审计过程进行实时监控和预警，及时发现和解决潜在问题。

从次，强化风险管理与质量控制。高校应建立完善的风险管理机制，对审计项目进行全面的风险评估和预测，制定相应的风险应对措施。同时，加强审计质量控制，建立严格的复核和审核制度，确保审计结果的客观性和准确性。通过强化风险管理和质量控制，降低审计风险，提升审计项目的可信度和影响力。

最后，加强内外部沟通与协作。高校应加强与被审计单位、其他部门以及外部审计机构的沟通与协作，形成合力推动审计项目管理的优化。通过建立良好的沟通机制和协作平台，实现信息共享、资源共享和经验共享，提高审计工作的整体效能。

三、高校内部审计业务外包管理实践

（一）内部审计业务外包的背景

内部审计业务外包是社会化分工的一种产物，在国际上早在 1947 年就已经被成功引入并得到持续发展。

在中国，内部审计业务外包相对较晚引入，直到 1999 年才被正式提出，并由于经验匮乏、制度不全等原因导致发展缓慢。特别是在高校领域，起初内部审计业务外包的实际运用处于摸索阶段，缺乏指导依据和规范。

然而，在审计全覆盖的新形势下，高校内部审计任务日益繁重，这就推动了高校内部审计转型发展的需求。高校开始寻求外部力量来协助完成每年的内部审计工作任务，以缓解内部审计的主要矛盾。

2018 年 1 月 12 日，新修订的《审计署关于内部审计工作的规定》的出台为高校内部审计业务外包提供了指导和依据。该规定明确了内部审计机构可以根据内部审计工作的需要，向社会购买审计服务，对采用的审计结果负责。

在这样的背景下，高校可以通过内部审计业务外包来促进内部审计的转型发展。外部审计机构可以为高校提供专业的审计服务和支持，提高审计效率和质量。同时，高校也需要确保外包过程中的合规性和风险控制，建立良好的合作机制和监督机制。

（二）内部审计业务外包的形式

高校审计业务的外包形式可以划分为补充外包型、全部外包型、合作内审型和审计咨询型（图 7-1），这些形式各有特点和适用场景。

（1）补充外包型：在这种形势下，高校维持自己的内部审计部门，但将部分特定任务或项目委托给外部机构来完成。外部机构可以提供专业知识和资源，补充高校内部审计部门的能力，帮助高校更好地应对工作压力和需求增加。

（2）全部外包型：在该模式下，高校将整个内部审计业务全面外包给外部机构。外部机构负责执行所有审计任务,包括计划、执行、报告等。这种形式适用于高校对内部审计资源和能力的整体不足或无法满足需求的情况。

（3）合作内审型:该形式下,高校与外部机构建立合作伙伴关系,在一定程度上共同开展内部审计工作。高校内部审计部门与外部机构共同参与任务的规划和执行,分享资源和经验。这种形式可以使高校更好地整合内外部资源,提升审计质量和效能。通过合作内审,高校能从外部专业机构获得对难度较大审计项目的支持,同时保持对易于处理的审计项目的自主完成。

（4）审计咨询型:在这种形势下,外部机构提供的服务更注重审计咨询和专业建议。高校可以委托外部机构对特定问题、风险管理或流程改进等领域进行咨询,根据咨询结果进行内部审计的改善和提升。

以上四种外包形式可以根据高校的具体情况和需求进行灵活选择,以实现审计资源的合理配置和高校内部审计职能的最大化效用。不同形式的外包可以在不同方面满足高校的需求,为提升审计效率和质量提供支持。

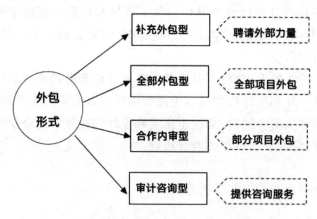

图 7-1 高校内部审计外包形式

（三）高校内部审计业务外包的优势

1. 内部审计独立性得到保障

高校内部审计业务外包的一大优势是可以保障内部审计的独立性。通过外包内部审计业务,高校可以委托独立的审计机构来进行审计工作,确保审计过程和结论的独立性。外部审计机构不受高校内部的影响和干预,有更大的独立性,能够更加客观、公正地开展审计工作。

内部审计业务外包能够避免可能存在的利益冲突。由于外部审计机构不属于高校内部,不受高校人员的职位和利益关系影响,能够更加客观地处理问题,减少潜在的利益冲突风险。

外包内部审计业务可以借助外部审计机构丰富的经验和专业知识,提供更专业的审计力量。外部审计师通常具备更丰富的审计经验和专业知识,能够进行深入细致的审计工作,提供高质量的审计服务。

外部审计机构通过独立进行审计工作,可以提高审计结果的可靠性。它们可能会采用不同的方法和角度来审计,减少审计过程中的主观因素,增强审计结论的权威性和可信度。

2. 内部审计资源得到优化

目前,很多高校内部审计资源普遍不足,尤其是新建本科高校。在这种情况下,实施内部审计外包可以有效地优化内部审计资源。

第一,通过外包内部审计业务,高校可以借助社会审计中介机构的专业知识和经验,并且这些中介机构通常配备有经验丰富的审计人员。相较于财务或基建部门转岗的内部审计人员,具备专业审计背景的外部审计师能够提供更高水平的审计服务,从而弥补高校内部审计资源的不足。

第二,通过外包内部审计业务,高校可以将有限的内部审计资源聚焦在核心业务上,同时将一些日常性的审计工作交由外部审计机构处理。这样高校可以更好地利用外部资源解决一些非核心审计任务,从而实现内部审计资源的优化配置。

第三,外部审计机构定期参加专业培训,可以持续提升其审计人员的专业水平。通过与这些机构合作,高校可以借鉴他们的经验和最佳实践,进一步提升内部审计团队的专业素养和能力水平。

3. 内部审计成本得到降低

外包高校内部审计业务能够降低内部审计成本。

第一，节约人力成本。通过外包内部审计业务，高校无须招聘、培养、管理内部审计人员，可以避免雇佣专门的审计团队所需的人力成本。相比建立独立的内部审计部门，外包形式通常更加经济高效，能够降低组织人力资源的开销。

第二，减少培训成本。对于新建本科高校等审计资源较为匮乏的单位，内部审计人员的专业知识和技能可能需要通过培训来提升。外包内部审计业务可以利用外部审计机构已有的专业知识和经验，无需额外的培训投入，从而降低了培训成本。

第三，降低绩效考核成本。高校建立独立的内部审计部门需要进行人员的绩效考核，涉及评估、奖励、晋升等方面的管理成本。外包内部审计业务将审计任务交由外部审计机构承担，不需要内部审计团队进行个人绩效考核，可以减轻绩效管理的负担和相关成本。

第四，减少设备和软件成本。建立独立的内部审计部门需要购买审计所需的设备和软件，并维护更新。而外包内部审计业务，这些成本可以由外部审计机构承担，高校无须另外投入资金购买和维护审计设备和软件，降低了相关成本。

4. 内部审计模式得到创新

在实践中，有很多高校内部审计的发展速度跟不上新时期信息化建设的步伐，导致审计质量不高，而通过外包内部审计业务，高校可以借助外部审计机构的先进技术和方法，特别是大数据审计技术和计算机技术，将其运用于实际的内部审计业务中。这有助于加强审计数据的筛选、审核和分析，提高审计过程的效率和准确性。外部审计机构通常具备先进的审计科技工具和经验，可以更系统化、精准化地进行内部审计管理。借助互联网大数据和计算机技术，可以实现审计数据的共享与整合，增强风险识别和预警能力，提升审计质量和效果。

外包内部审计业务可以带来新的审计模式和思路。外部审计机构可能通过采用不同的思维方式和方法论，促使高校内部审计转型为更加风险导向的审计。外部审计机构通常具备经验丰富的专业团队和顾问，能够为高校提供专业支持和解决方案。它们可以帮助高校建立更合理、高效的内部审计管理体系,在实践过程中提供专业的指导和建议,这都有助于推动高校内部审计向更加科学、先进的方向发展。

(四)高校内部审计业务外包存在的风险

1. 存在高校关键信息泄露的风险

当高校将审计项目外包给社会中介机构时,需要共享大量敏感信息,如财务、人事、后勤等方面的数据。如果中介机构未能严格遵守保密协议或出现内部安全漏洞,就可能导致高校关键信息的泄露,给高校带来重大损失。

2. 存在审计机构选择不当的风险

在选取社会审计外包合作单位时,若高校没有充分执行审查和评估,只凭报价或随机选择审计机构,就面临审计机构选择不当的风险。选择低水平的审计机构导致工作效率低、进度缓慢、审计报告质量差、审计效果不佳等问题,影响高校决策和发展,并产生错误或偏颇的结论。

3. 存在外包审计质量不高的风险

第一,中介机构质量参差不齐。在外包内部审计业务时,中介机构的质量会有所不同。一些中介机构具备高水平资质和执业能力,能够负责地完成审计任务,确保审计质量。然而,不少中介机构可能资质较低,专业能力有限,导致审计仅限于表面,未能深入挖掘被审计单位存在的问题,提出有效的审计建议,从而影响审计质量。

第二,中介机构情况掌握不全,审计结果易失真。由于时间和资源限制,审计中介机构很难彻底了解高校的背景信息,特别是对于高校的理念、内部管理流程、资金运作和校园文化等方面的情况掌握不充分。导致审计判断不准确,审计结果失真。如果中介机构主要依赖自身的审计经验和惯性思维来开展工作,导致审计内容的漏审或不到位,从而影响审计质量。

第三,中介机构存在审计评价不客观的现象。审计报告的客观公正性是审计工作的基本原则之一。如果审计人员在编制审计报告过程中丧失了客观公正性,就会影响审计报告的价值和可信度。例如,审计报告中出现前后矛盾的内容,或者评价与实际审计发现不符,都说明审计评价存在不客观的情况。

4.存在内审人员过度依赖的风险

如果高校长期依赖社会审计中介机构完成内部审计任务,内审人员将无法亲自进行审计业务的实操训练。他们没有机会积累实际的审计经验,无法在实践中不断提高和完善自己的审计技能,这会对新人培养和人才储备造成困难。

长期依赖外部中介机构完成内部审计任务导致内审人员产生依赖心理。他们会习惯性地将工作交给外部机构处理,减少主动参与和负责监督审计工作的意愿。这导致内审人员的专业能力下降和业务生疏,无法充分发挥人才作用。

(五)提升高校内部审计业务外包质量的建议

高校内部审计机构应根据实际情况自主选择是否将审计业务外包给中介机构,并进行审计资源的合理配置。在外包审计业务的整个过程中,内部审计人员不能对外包项目置之不理,而是要参与并全程管理审计项目,监督中介机构实施审计工作,以尽可能规避风险和问题,最大程度发挥外包审计的优势。内部审计业务外包管理环节包括以下关键点(图7-2)。

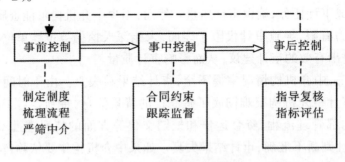

图 7-2 外包控制流程图

1.事前控制

(1)完善审计业务外包管理制度和外包流程

第一,高校可以制定内部审计业务外包的管理制度,以确保外包工作更加规范化。为此,可以制定高校委托社会中介机构进行审计的管理办法,明确中介机构的责任和义务,规范审计过程、报告编制和独立性要求等内容,以确保审计结果符合高校管理层的要求,确保审计工作的准确性和合规性。

第二,高校应对审计业务外包的基本流程进行认真梳理,以确保工作顺畅进行,包括确定委托的审计项目,选择合适的中介机构,签订明确的业务外包合同,建立监督和沟通机制以确保透明度和效果,控制审计项目外包的质量,评价中介机构的工作质量并对其进行持续监管,最后支付审计外包费用。这样的流程可以帮助高校有条不紊地推动外包审计工作,并提供一种规范的指导和参考。

(2)严格筛选社会中介机构

为了严格筛选社会中介机构,高校内部审计机构可以采取以下措施:

第一,初步论证审计外包项目。高校内部审计机构应对审计外包项目进行初步论证,明确审计服务范围、要求和预算资金。这有助于提前规划和准备,确保审计外包能够达到预期效果。

第二,严格招投标程序。高校内部审计机构应配合学校的采购部门开展招投标工作,包括发布招标公告、组织澄清会议、接受投标文件并进行评审等环节。通过招标程序,可以吸引更多合适的社会中介机构参与竞标,增加选择的机会。

第三,严格评估中介机构。在招标过程中,高校内部审计机构应注重评估社会中介机构的资质要求、专业胜任能力、职业声誉和质量控制体系等方面。特别要关注中介机构在高校审计领域的经验和实力,以确认其是否具备满足高校需求的能力。

第四,关注中介机构的背景调查。高校内部审计机构应进行中介机构的背景调查,包括查证中介机构的注册信息、经营情况、过往案例等。有助于了解中介机构的信誉和可靠性,规避潜在的风险。

2.事中控制

(1)加强合同约束,实施规范审计

第一,审计项目外包的形式和服务范围。明确审计工作的外包形式,以及中介机构需要承担的具体服务范围。有助于确保审计工作的边界和清晰度,防止出现任何误解或纠纷。

第二,工作目标和内容。明确审计工作的目标和具体内容,使双方对审计过程和结果有清晰的共识。有助于确保审计工作的准确性和针对性,达到预期目标。

第三,工作质量要求。明确对审计工作质量的要求和标准,包括报告编制、影响因素分析、风险评估等方面。有助于确保审计工作的准确性、专业性和可靠性。

第四,权利与义务。明确双方在审计合作中的权利和义务,包括信息共享、协作配合、变更申请、纠纷解决等事项。有助于确保合作的顺利进行,避免因权责不明引发的问题。

第五,保密事项和责任。特别要对保密事项进行详细规定,明确双方在保护机密信息方面的责任和义务。有助于防止学校关键信息的泄露,维护学校的利益和声誉。

第六,顾问审核。合同内容应经过学校的法律顾问进行审核,在确保合法合规的前提下进行签订。这是为了最大限度地规避可能出现的纠纷问题,保障学校的利益最大化。

通过加强合同约束,实施规范审计,可以确保双方各自的权益和责任得到有效保障,增加审计工作的透明度和可信度,减少潜在的合作纠纷风险。同时,遵守合同约定和保密规定也有助于防止学校关键信息的泄漏,确保学校的利益和声誉不受损害。

(2)有效跟踪监督,加强过程管理

为了有效跟踪监督和加强过程管理,高校内部审计机构可以采取以下措施:

第一,指定项目负责人。高校内部审计机构应指定一名项目负责人负责全过程管理和控制。该负责人需要与中介机构和被审计单位进行组织协调和对接工作,确保审计项目顺利进行。

第二,协调和对接工作。项目负责人需要与中介机构和被审计单位保持密切沟通,确保被审计单位按时提供完整的审计资料。同时,处理和解决可能出现的问题,促进合作关系的良好发展。

第三,监督审计进展情况。项目负责人应及时了解审计项目的进展情况,核查中介机构是否按照招标文件要求和合同约定进行审计工作。如果发现问题或不足,及时采取措施纠正并与中介机构共同解决。

第四,核查审计方案和程序。项目负责人需要核查审计实施方案、审计程序以及审计内容和重点,确保中介机构按照要求进行审计工作。如有需要,可以提供支持和指导,确保审计目标的实现。

第五，内外部协作配合。内部审计人员和中介机构审计人员应各自履行好各自的职责，积极配合和沟通，在审计过程中相互支持，确保信息的畅通和共享。

第六，通过有效跟踪监督和加强过程管理，高校内部审计机构可以更好地掌握审计项目的进行情况，及时发现和解决问题。有助于提高审计工作的效率和准确性，保证审计外包工作的顺利开展，最终实现审计目标的达成。

3. 事后控制

（1）复核审计结果，控制审计报告质量

内部审计机构应当对委托审计的结果进行复核，以严格控制审计报告的质量。

第一，内部审计机构应对委托审计的程序和过程进行审核。包括审计方法、数据采集、分析和解释等环节的合理性和符合性，确保审计工作按照规范和要求进行。

第二，内部审计机构可以复核委托审计中产生的审计底稿和审计证据。通过重新审视和核实这些底稿和证据的完整性和准确性，以确保审计结论和意见的可靠性和可信度。

第三，内部审计机构应独立审查委托审计机构提交的审计报告。判断审计报告是否满足相关法规、规章和准则的要求，包括逻辑性、文笔表达、结论的清晰度和合理性等方面。

第四，内部审计机构可以运用技术工具和方法，对审计报告进行质量把关。例如，使用专业的文本分析和数据分析工具，检测可能存在的错误、遗漏或矛盾。

第五，如果高校设立了审计委员会，内部审计机构可以将审计报告提交给审计委员会进行审议。审计委员会成员可对审计结果和建议进行独立的评估和验证，并就需要补充审计或其他措施提出意见。

（2）建立评价指标体系，对委托审计的质量进行评价

第一，高校内部审计机构应根据审计业务外包的实际情况，结合相关标准和规范，制定评价指标体系，包括从中介机构的人员配备、职业道德、审计计划和执行情况、审计规范性、审计内容和沟通的有效性、工作纪律、发现问题的精准度、结论的合法性、报告质量把控及建议合理性等方面设置指标。

第二，根据评价指标的重要程度，为每个指标设定相应的权重，以反映其在整体评价中的重要性。同时，需要制定评分标准，便于对中介机构的工作质量进行评估和打分。

第三，在委托审计项目完成后，高校内部审计机构应及时组织或聘请专业人员对中介机构的工作质量进行考核与评价，包括对中介机构的项目文档、报告、信息沟通记录等进行审核和评估，与中介机构进行沟通和讨论，以了解他们在项目中的表现和实施的情况。

第四，基于考核与评价的结果，高校内部审计机构应制定评价报告，对中介机构的工作质量进行综合评价，提出相应的建议和改进建议。有助于总结经验教训，优化委托审计的流程和实践，提高审计工作的质量和效果。

总之，借助外部审计机构的资源和专业能力，高校可以避免内部审计部门资源过度占用，保证其他财务类审计工作的正常完成。外部审计机构通常拥有经验丰富的审计师和专业团队，具备丰富的预算执行审计知识和技能，能根据高校的具体情况提供专业的审计服务。外部审计机构独立于高校，能够在审计过程中保持客观、中立的立场，减少利益冲突问题，提供客观、可靠的审计报告。外部审计机构通常拥有更高效的审计方法和流程，能够快速开展预算执行审计工作，提高工作效率。但是，在选择外部审计机构进行审计时，高校也需要注意以下方面：

第一，需对外部机构进行严格的评估和筛选，包括其经验、信誉、资质等，确保选择到具备相关专业知识和丰富经验的机构。

第二，与外部审计机构建立密切的合作关系，明确双方的责任和义务，确保有效的沟通和协调，并定期回顾和评估外包服务的质量和效果。

第三，高校需对外包审计工作进行有效监督，包括对审计进程、结果的审查，确保审计质量、准确性和可靠性，同时保证审计工作符合学校的管理需求和预期目标。

当外包审计与高校自身的内部审计体系相结合时，能够实现更全面、更有针对性的审计覆盖，为学校的管理和决策提供有力的支持。

四、高校内部审计管理的发展

根据《会计信息化"十四五"规划》，推动会计审计工作的数字化转型是一个重要方向。这项政策指导为高校内部审计管理提供了思路，尤其在高等教育经费投入日益增加的情况下,应用人工智能技术来提高审计效率显得尤为重要。

（一）"人工智能＋内部审计"建设现实基础

近年来,人工智能技术的发展和信息化建设在审计领域的应用正在成为现实。政府对于推动新技术在各领域的应用承担积极的引领和推动作用。中国政府高度重视审计信息化建设,审计网络的搭建和审计管理系统的应用已取得一定成就,为审计工作提供了高效、便捷的沟通和办公环境,这为人工智能技术在审计管理中的应用提供了基础。

中国政府还对区块链技术的重视程度不断增加,并出台相关政策支持,如《2018 中国区块链产业白皮书》。区块链技术可以提供分布式账本和数据不可篡改的特性,使财务数据的安全性和可信度得到提升。这为内部审计的可追溯性、审计证据的真实性等方面的需求提供了解决方案。另外,党中央领导也强调了区块链技术的重要性,将其视为核心技术自主创新的重要突破口。

中国在审计信息化建设、区块链技术发展以及政府对关键技术支持方面的取得的发展,为"人工智能＋内部审计"建设提供了现实基础。随着技术的进一步成熟和应用场景的拓展,人工智能有望在内部审计领域发挥更大的作用,为提高审计质量和效率作出贡献。

（二）人工智能视域下高校内部审计实践存在的问题

1. 数据收集难度大效率低

财务数据的获取需要经过多个坏节的审批流程,增加了数据收集的复杂性和时间成本。此外,由于审批程序较烦琐,导致数据收集的效率低下。

财务部门将相关数据统一绘制成电子表格后再传递给审计部门。然而,由于数据结构不完善或存在冗余数据,审计部门在拿到数据后还需要进行二次处理才能得到可用于审计的有效数据,这一过程增加了数据收集的时间和劳动力成本。

另外,用传统的 U 盘或移动硬盘等物理传递方式来传递数据不仅耗费时间,还存在数据安全风险。同时,数据的传递方式也限制了数据的实时性,影响了数据收集的效率和全面性。

2. 智能技术方法与审计业务需求脱节

智能技术方法与审计业务需求脱节具体表现在:

第一,部分高校的数据分析系统在安全防护、数据收集和处理等功能方面存在不足,缺乏针对高校财务审计业务特定需求的定制化功能,导致系统无法满足实际业务需求。

第二,随着高等教育经费投入的增加,高校审计业务量增多,各项收支信息数据变得更加多样化和复杂化。然而,部分数据分析系统可能没有与之相应的分析和处理能力,导致数据分析效果不佳,不能满足审计业务的需求。

第三,部分高校的数据分析系统平台建设成效跟不上业务需求的增长速度,存在一定滞后性,可能是因为缺乏及时引进先进的智能技术方法、不了解最新的技术发展趋势,或是应用效果评估和更新机制不完善。

3. 智能审计系统尚不成熟

智能审计系统尚不成熟主要表现在以下几个方面:

第一,部分智能审计系统的功能还不完善,关键的人工智能技术工具开发和应用还需要进一步加强。特别是一些自动跟踪、数据自动填充等功能的开发还不够完全,限制了系统的智能化程度。

第二,部分审计数据未纳入智能审计系统管理,导致系统数据库的不完善。因此,在数据搜集过程中,系统无法高效、全面地收集所需数据,增加了审计工作的负担,使系统无法提供全面的分析和报告。

第三,智能审计系统在风险派单和整改成果跟踪方面存在问题。系统对高校整改成果缺乏有效的跟踪和评价机制,而且风险派单的精准度有待提高。这使审计工作实际开展情况的掌握变得片面化,影响了对风险的准确定位和有效管控。

（三）人工智能视域下高校财务收支审计实践路径

1. 确定应用场景获取数据开放共享

第一，确定人工智能技术应用场景。审计部门需要与相关部门合作，明确人工智能技术在内部审计工作中的具体应用场景。在审计流程标准化的基础上，确定哪些环节可以运用人工智能技术，如数据获取、数据分析、风险识别等。

第二，优化内部审计工作流程。在确定人工智能技术应用场景的同时，审计部门需要通过优化完善内部审计工作流程，实现标准化和规范化。

第三，溯源和共享审计数据。审计人员需要对所需的审计数据进行溯源，确定数据的来源和提供部门。然后，与这些部门进行沟通，分享开放相关的财务数据。通过共享数据，审计部门可以在合理授权和隐私保护的前提下，获取更全面、精准的数据。

第四，应用数据仓库技术。使用数据仓库技术从财务部门和其他校内部门获取财务凭证、财务项目、科目等财务数据，以及人事、资产等相关数据。数据仓库能够提供统一的数据存储和管理，方便审计人员获取和分析数据。

第五，利用网络爬虫技术获取辅助数据。审计人员可以利用网络爬虫技术，自动获取工商数据、税务数据和政府采购数据等辅助数据。这些数据可以丰富审计工作的信息来源，提高审计的精准性和全面性。

同时，需要充分考虑数据安全和隐私保护的问题，在共享数据的过程中确保遵守相关的法律法规和规定。

2. 大数据审计智能化推进方法创新

推进大数据审计智能化的方法创新包括以下几个方面：

第一，加强数据分析系统平台建设和优化。建立高效的数据采集机制，实现多源数据的全面搜集和整合，包括财务、经营、风险等各类数据来源，引入自动化技术，提高数据采集的速度和准确性；完善数据管理系统，包括数据分类、分级、融合等，确保数据的安全性和完整性，优化数据存储结构，采用云计算、分布式存储等技术，提高数据处理和访问效率；通过数据挖掘、机器学习、自然语言处理等技术构建智能化的数据分析模型,利用模型来辅助审计人员发现异常、识别风险,进行规律性的分析和预测。

第二,搜集现有审计数据分析方法进行二次开发。高校可以通过网络搜集和研究现有的审计数据分析方法,总结其特点和适用场景,进行二次开发,根据高校实际发展情况设置一套简化版的审计操作流程。

第三,依托数据分析系统平台,开发数据采集工具和深度分析工具,为有效进行审计数据分析提供技术支持。这些工具可以实现自动化的数据采集和处理,提高数据分析的效率和准确性。

第四,应用人工智能技术工具。开发和应用机器学习、深度挖掘、可视化交互等人工智能技术工具,用于高校内部审计数据的分析和处理。这些技术可以提高数据分析的精准度和一致性,降低风险,推进内部审计智能化水平。

第五,加强数据分析人员技能培养。培养和提升数据分析人员的专业能力和技术水平,使其能够熟练运用大数据技术、人工智能工具和数据分析方法,高效地进行审计数据分析。

3. 构建功能完备的智能审计体系

第一,成立专门的智能审计团队,由拥有数据科学、人工智能和审计等背景的专业人员组成。该团队负责智能审计系统的设计、开发和运维,并提供相关技术支持。

第二,根据高校的审计需求,设计和搭建智能审计系统的整体架构。包括确定数据采集、数据存储、数据处理、数据分析和数据可视化等组件,确保各个组件之间具有良好的集成性。

第三,确保智能审计系统能够从多个数据源中获取数据并进行整合。这可能涉及收集各种财务和运营数据、人事数据、资产数据等。采用现代化的数据采集技术,如 API 接口、数据仓库等,确保数据的准确性和完整性。

第四,利用机器学习、自然语言处理等人工智能技术,对大规模数据进行分析、挖掘和预测。例如,通过文本挖掘技术自动识别异常交易,通过模式识别技术发现潜在的欺诈行为。

第五,将审计数据以可视化形式展示,使用交互式图表和仪表盘等工具,帮助审计人员快速理解数据,并直观地发现异常和问题。系统还应具备生成标准化报告的功能,提供可追溯的审计结果。

第六,针对智能审计系统中涉及的敏感数据,采取必要的安全措施,如加密、权限控制、访问日志等,确保数据的机密性和完整性。同时,遵守相关法律法规,保护用户的隐私权。

第七,智能审计系统应定期进行性能评估和更新,以满足不断变化的审计需求和技术发展。团队应关注最新的技术趋势和创新,积极采纳新的工具和方法,不断提升系统的智能化水平。

通过以上措施,可以帮助高校构建一个功能完备的智能审计体系,提高审计效率、准确性和洞察力,为高校的管理提供更好的支持。

4.加强审计信息安全保障

第一,高校应制定相关的信息安全政策和制度,明确审计信息安全的责任分工和管理流程。建立信息安全保障的组织架构,设立专门的信息安全管理部门或团队,负责整体的信息安全工作。

第二,加强网络设备的安全配置,包括使用防火墙、入侵检测系统和安全网关等技术手段,防范网络攻击和数据泄露风险。同时,定期对网络设备和系统进行漏洞扫描和安全漏洞修复,确保系统的漏洞被及时修补。

第三,采用多层次的身份认证机制,如密码、双因素认证、指纹识别等,保证只有授权人员能够访问敏感的财务收支审计信息。对于不同级别和角色的用户,设置不同的权限和访问控制,实现对敏感数据的精细化管控。

第四,定期进行审计信息的备份和存档,确保数据在发生意外情况时可及时恢复。同时,将备份数据存放在安全的离线存储设备或云存储平台中,以防止物理灾害或数据损坏导致的数据丢失。

第五,加强对审计人员的信息安全培训,提高他们对信息安全风险的认识和应对能力,培养审计人员的安全意识,加强对社会工程攻击、钓鱼邮件等常见攻击手段的防范教育。

第六,利用人工智能技术构建安全风险预警系统,通过数据分析和模型建立,对异常数据和行为进行监测和预警,及时发现潜在的安全风险,采取相应的措施进行处理和防范。

第八章

高校内部审计监督理论与实践

第一节　内部审计监督概述

内部审计监督是指对内部审计工作进行监督和管理。内部审计监督机制是指组织机构内部建立的用于监督和管理内部审计活动的一系列制度、规定和程序。目的是确保内部审计活动的独立性、客观性和有效性，以及对组织内部控制和风险管理提供合理保证。

一、内部审计监督的内容

内部审计监督的内容包括以下几个方面：

审计工作程序和方法：监督审计部门是否按照规定的审计程序和方法进行审计工作，包括审计准备、实施、证据搜集、分析和结论形成等环节，确保审计工作的质量和有效性。

审计人员素质和行为规范：监督审计人员的专业素质和道德标准，包括审计人员的资格、从业经验、职业操守等，以确保审计人员能够胜任各项审计任务，并保持独立客观的态度。

审计项目选择和调整：审查审计计划和项目选择的合理性和有效性，确保审计项目与组织风险、重要性相匹配，及时调整审计项目以适应组织的变化和需求。

审计报告的编制和发布：监督审计报告的准确性、清晰度和及时性，确保审计报告符合内部审计标准和规范，能够提供有益的建议和意见。

内部控制评价：对内部审计部门进行内部控制自评或评价委外服务的监督，确保内部审计部门的运作符合内部控制要求，对其做出改进建议。

资源管理和预算执行：监督审计部门的资源分配和预算执行情况，确保资源使用的合理性，防止资源浪费和滥用。

风险管理和内部控制建议：监督审计部门对组织内部控制情况的

评价,提出改进建议,监督整改情况。

绩效评价和持续改进:对审计部门的绩效进行评价,提出改进建议以实现持续改进,确保审计部门在不断提升中发挥更大的作用。

二、内部审计监督的方式

内部审计监督的方法主要包括以下几种:

审计委员会监督:建立独立的审计委员会,承担对内部审计工作的监督和指导职责,审计委员会成员通常由最高决策机构成员和外部独立人士组成,负责监督审计部门的运作和审计项目的执行情况。

独立评估和审查:定期邀请内部控制专家或外部审计机构对内部审计工作进行独立评估和审查,确保审计工作符合规范和标准,提出改进建议。

岗位交叉复核:通过内部审计部门相互交叉复核,确保审计报告的独立性和客观性,避免出现内部审计部门与被审计部门之间的利益冲突。

内部审计质量保证评价(Quality Assurance and Improvement Program, QAIP):采用内部审计质量保证评价程序,对内部审计部门的审计活动、程序和报告进行持续的评价和改进,以确保审计工作的质量和有效性。

内部审计部门自评与改进:内部审计部门自行建立自评程序,对自身运营效能、内部控制自我评价、质量管理,以及绩效评价进行监督和改进。

外部独立评估:委托外部专业机构对内部审计部门进行独立评估,评估内容可以包括审计流程、审计团队素质、审计成果等多个方面的评估,对内部审计工作进行第三方监督。

绩效评价:通过对内部审计部门的绩效评价,包括审计项目的质量、报告的有效性、整改推动情况等方面进行绩效监督,促使内部审计部门不断提高绩效水平。

三、内部审计监督的要求

内部审计监督的要求主要包括以下几个方面:

（1）正确对待、积极配合：开展内部审计监督工作，需要管理层和内部审计部门理解其重要性和意义，充分支持和配合监督活动的开展。他们应将内部审计监督视为对组织治理和风险管理的一种有效机制，而不是仅仅视为一项义务或负担。管理层和内部审计部门应积极配合内部审计监督的开展，积极满足监督机构的需求和要求。他们应主动提供相关信息和文件，与监督机构进行合作，回答问题、提供解释，及时采取行动改进和纠正触发的问题。

（2）独立性和客观性：内部审计监督要求审计活动应当独立于被审计单位的其他部门，审计人员应当客观公正地执行审计任务，不受其他部门或个人的影响。

（3）合规性和道德规范：内部审计监督要求审计部门在开展审计工作时遵守法律法规和职业道德规范，不得从事违法违规或违反职业操守的行为，必须保持审计工作的合法合规性。

（4）专业素质和能力：内部审计监督要求审计人员具备必要的专业知识、技能和经验，能够胜任各项审计任务；审计部门应当保持高水平的专业素质和能力建设。

（5）审计质量和效益：内部审计监督要求审计工作应当以提供高质量的审计服务为目标，确保审计活动的有效性和价值，审计报告的准确性和及时性，审计建议的实用性。

（6）风险管理和内部控制：内部审计监督要求审计部门有效评估和管理审计风险，对组织的内部控制情况进行审计评价，提出改进建议并监督整改情况。

（7）绩效评价和持续改进：内部审计监督要求对审计工作进行绩效评价，持续改进审计工作方法、程序和技术，提高审计工作的效率和水平。

（8）信息保密和安全：内部审计监督要求对审计过程中所涉及的机密信息、敏感数据等进行妥善管理和保护，确保审计信息的保密和安全。

四、内部审计监督的必要性

内部审计监督的必要性体现在以下几个方面：

（1）保障审计独立性和客观性：内部审计监督可以确保审计工作的

独立性和客观性,避免因其他部门或个人的干扰而影响审计结果的准确性和公正性。

(2)提升审计质量和效能:通过内部审计监督,可以促使审计部门持续提升审计专业水平和审计技能,提高审计工作的策划、执行和报告的质量和有效性。

(3)有效管理审计风险:内部审计监督有助于审计部门对审计风险进行识别、评估和管理,从而更好地发挥审计的预防作用,减少可能的风险和损失。

(4)促进内部控制改进:通过对内部审计部门的监督,可以促使被审计单位改进内部控制,及时排查和解决存在的问题,提高业务流程的规范性和效率。

(5)保护组织利益和资产安全:内部审计监督有助于确保内部审计活动对于保护组织的利益和资产的重要性,减少机构可能遭受的内部欺诈、浪费、滥用等风险。

(3)符合法律和标准要求:对内部审计工作进行监督,能够确保审计工作符合相关法律法规和职业标准的要求,防止出现违规行为。

总体来说,内部审计监督的必要性在于通过有效的监督和管理,促进内部审计活动的独立性和专业性,提高审计工作的质量和效能,降低审计风险,保护组织利益和资产安全,为组织的良好运转和持续发展提供重要保障。

第二节　高校内部审计监督实践

一、高校内部审计监督实践中的薄弱环节

(一)审计主体限制审计监督作用发挥

高校审计监督主体主要包括国家审计机关、高校内部审计机构和社会审计组织等。这三个主体在高校审计监督过程中各有特点和优势,但

也存在一些不足之处。

1. 国家审计机关的局限

国家审计机关在高校审计中具有权威性和独立性的优势,能够对高校经济活动进行全面审计,保证审计结果的客观性和公正性。但是,由于资源有限和任务繁重,无法覆盖到每个高校以及所有经济活动,导致审计强度不足。具体来说,国家审计机关的局限主要表现在以下几点:

第一,审计力量不足。由于高校分布不均,审计人员的工作压力不平衡,使国家审计机关无法满足所有高校的审计需求,导致审计工作的延误或无法全面覆盖到所有高校。

第二,审计计划的约束性。国家审计计划有一定的约束性,必须根据国家宏观经济发展形势制订,并且需要经过层层审核和批准,导致审计计划无法及时调整和适应高校的实际情况和需求。

第三,行业审计受技术限制。高校作为一个特殊行业,具有自身的特点和特殊的审计需求。国家审计机关的审计人员可能缺乏对高校行业的专业知识和理解,导致其在高校审计中可能无法全面了解和把握高校的实际情况和问题。

2. 高校内部审计的局限

高校内部审计机构可以更直接地了解高校的内部运行情况,提供有针对性的审计建议和内部控制改进方案。然而,这些审计机构往往受制于高校管理层,存在潜在的利益冲突和独立性问题,影响其审计工作的有效性。具体来说,高校内部审计的局限表现在以下方面:

第一,独立性差。高校内部审计机构受高校管理层领导,审计报告和决策需对管理层负责,缺乏独立性,导致审计意见的公正性和客观性受到影响。

第二,处罚权限受限。相较于国家审计机关,高校内部审计机构缺乏独立的处理处罚权限。审计意见往往只能作为建议或参考,缺乏强制性和权威性,难以推动问题的解决和改进。

第三,资源限制。高校内部审计机构在人力、财力和技术方面可能有限,难以开展全面深入的审计工作。此外,资源不足可能阻碍其能力提升和创新审计方法的应用。

第四,分析和处理问题层次有限。由于高校内部审计机构属于高校内部管理行为,其审计工作主要关注管理层面的问题,忽视了一些政策、体制、制度等层面导致的问题,这种局限性可能导致问题无法得到全面深入的分析和处理。

3. 社会审计组织的局限

虽然社会审计组织可以通过第三方的身份参与高校审计,提供独立的审计意见和建议,但是由于受限于资源和专业能力等方面的限制,社会审计组织的覆盖范围有限,难以满足所有高校的审计需求。具体来说,社会审计组织的局限主要表现在以下几点:

第一,审计地位较弱。社会审计组织在高校审计工作中往往是由委托方决定进行审计的,这使审计组织的独立性和自主性受到限制。委托方可控制审计范围、内容和标准,限制了审计组织的发挥能力。

第二,受限于委托方要求。社会审计组织必须按照委托方的要求进行审计工作,即使发现问题或有关重要事实,也可能无法公开或报告给相关利益相关者。导致审计结果缺乏客观性和透明度,对高校的实际情况和问题不能提供全面的反馈。

第三,审计成本较高。社会审计组织是有偿服务,需要获得一定的报酬。相对于国家审计机关和高校内部审计机构来说,社会审计组织的审计成本较高。高成本可能限制了社会审计组织的参与和覆盖范围,使其在高校审计中的作用受到限制。

第四,缺乏持续性和连续性。社会审计组织的参与通常是短期的、项目性的,它们在一个特定的时间段内完成审计任务后离开,没有长期监督和跟进,导致无法提供持续的审计监督。

(二)审计对象复杂限制审计监督作用发挥

高校的组织结构非常复杂,不仅包括教育和科研部门,还包括附属医院、附属学校和校办企业等。这些单位涉及的行业、领域以及人员种类非常多样化,如教师、学生和干部等。因此,高校的管理和审计工作变得十分困难,需要面对众多且繁杂的对象。现行审计制度和模式无法全面、客观和公正地评价高校的工作,给高校的审计工作带来了巨大的压力。此外,高校的教育成果评价体系也非常复杂,目前缺乏有效的核算和评价机制来评价高等教育成果。虽然高校的教学和科研成果是重要的,但审计机关和机构无法准确评价这些成果,这就限制了高校审计工作在效益性方面的发挥。高等教育成果评价无法成为高校审计工作评价效益性的有力依据。以上因素限制了高校审计工作的监督作用的发挥。

(三)审计依据政策性限制审计监督作用发挥

我国高等教育目前仍处于发展阶段,正经历着体制改革的过程。在这个阶段,无论是在大的体制方面还是在具体的政策方面都存在许多不完善、不健全的问题,影响了高校审计工作的有效开展。

1. 高等教育定位不够清晰具体

在当前,高等教育的定位确实存在争议和不一致的情况。各界学者对于高等教育更注重市场还是培养人才有不同观点,使国家教育主管部门在制订相应政策时遇到了困难,也导致高校审计监督工作遇到阻碍。

2. 高等院校内部收入分配制度存在弊端

目前,高校内部收入分配制度存在差距,主要是由不同部门、岗位工作人员掌握的教学资源和科研资源不同所导致的。尽管差距可能有积极意义,但对于大多数高校工作人员来说,收入差距可能存在一定的不平衡性。针对这个问题,国家相关部门还未明确出台具体的管理规范。

3. 教育收费面临政策性管理漏洞

国家有关部门制定了收费标准,但随着社会的快速发展,部分高校推出了与社会需求相关的服务项目,并自主确定了收费标准。然而,按照现行制度,国家并没有明确具体的收费项目和标准,导致一些收费项目和标准与现行制度不一致。

二、强化高校内部审计监督的途径

（一）加强对财务人员的监督

对于财务人员岗位控制设置和财务人员行为规范进行监督是保障财务管理水平和防范经济风险的重要举措。

1. 财务人员岗位控制设置监督

财务人员在高校及其他组织中扮演着重要的角色，他们负责财务管理和核算工作，直接影响着组织的财务状况和决策效果。因此，确保财务人员的岗位控制设置得当是至关重要的。

财务人员资格要求：监督机构会检查财务人员是否符合会计法规定的从业资格和条件，包括是否具备相应的学历、专业背景和培训认证等。

分离不相容岗位：监督机构将确保会计不相容岗位的分离。这意味着会计人员在财务管理过程中不能既承担会计核算职责，又拥有支出审批或资金使用权限等职能。

轮岗和培训：财务人员应进行定期轮岗和培训，以提升其综合素质和专业技能。监督机构将确保财务人员接受适当的培训和轮岗安排，促进其工作经验的积累和职业发展。

2. 财务人员行为规范监督

财务人员作为组织中负责财务管理和核算的重要角色，他们的行为合规与否直接影响着组织的信誉、内部控制以及经济活动的透明度。在实践中要从以下两方面监督财务人员的行为规范：

第一，是否遵守职业道德遵守。监督机构将审查财务人员的职业操守是否符合职业道德规范。财务人员应遵守诚信、保密和廉洁等职业道德要求，确保其行为合乎法律法规和道德标准。

第二，是否符合规定行为。监督机构将评估财务人员是否按照行为规范要求进行工作，包括在财务管理中遵循程序、准则和规定，确保资金使用的合法性、合规性以及相应的会计核算和财务报告的准确性。

（二）充分利用经济法律文书进行监督

经济合同在高校中扮演着至关重要的角色，涵盖了许多不同领域的经济活动，可以将合同分为收入类经济合同和支付类经济合同两大类。

收入类经济合同通常与高校的资金来源有关，包括以下方面：学费合同（学生缴纳学费并与高校签订学费合同，规定学费支付的金额、方式、期限等相关事项）；项目合作合同（高校可能与企业、政府或其他组织合作进行科研项目、技术服务、培训等，通过合同约定项目费用、合作方式、成果分配等）；捐赠合同（高校接受捐赠时，与捐赠方签署捐赠合同，明确捐赠的款物、用途、条件等）。收入类经济合同需要注重合同管理和监督，确保收入的正确计算、及时收取和合规使用。这涉及对合同履行情况、资金流动、合同条款和规定的维护等方面的监管。

支付类经济合同涉及高校的各项支出，包括以下几种：劳动合同（高校与教职员工签订劳动合同，约定薪资、福利待遇等支付事项）、采购合同（高校根据需要采购设备、材料等，与供应商签署采购合同，约定支付金额、交付期限、质量标准等）、租赁合同（高校可能需要租赁教学楼、实验室设备等，与房东或承租方签订租赁合同，明确租金支付、租期等事项）。

不论是哪种类型的经济合同，高校都需要建立有效的合同管理和监督机制，包括严格合同签订程序、明确合同履行责任、强化合同监管措施等。

1. 经济合同签订程序监督

经济合同签订程序监督包括对合同起草主体、合同审批、合同用章等方面的监督。

（1）经济合同起草主体监督

在经济合同的签订过程中，监督合同起草主体至关重要。高校审计监督部门应核实合同起草单位是否具备法人资格，在确保起草单位符合要求的前提下，进一步审查合同起草的合规性和流程是否符合相关法律法规和内部规定。

（2）经济合同审批监督

对于经济合同的审批程序，需要确保程序的完整性和合规性。高校应设立严格的审批流程和权限,确保各级审批人员的资质和合同内容的审查。内部审计应监督审批程序是否符合规定,有无越权行为或审批环节的遗漏。

（3）经济合同用章监督

高校应确保统一使用学校的合同专用章进行合同签章,防止个别单位或个人擅自使用其他印章代替合同专用章。内部审计应监督每项经济合同是否全部统一使用学校的合同专用章,避免因印章问题导致的合同争议或风险。

2. 经济合同条款监督

（1）条款的合法性监督

经济合同应符合《中华人民共和国合同法》及相关法律法规的规定。在条款的监督中,内部审计将审核合同条款是否符合法律规定,以确保合同的合法性和合规性。包括检查合同条款的字面表述,确认是否与法律存在冲突,以及是否违反了相关法律法规的规定。

（2）条款的合理性监督

内部审计应审查经济合同中是否存在损害高校利益的异常条款或内容。包括过于倾向一方的优惠条款、存在不合理的责任分担安排或违背正常商业实践的条款等。如果存在异常条款,内部审计应进一步审查原因及潜在问题,提出合理的建议和改进建议。

3. 经济合同备案及履行监督

经济合同备案与履行的监督是确保合同按时履行并保障合同管理规范的重要环节。

（1）合同备案监督

经济合同应按照相关程序进行备案。高校应设立合同备案管理制度,确保合同备案的准确性和及时性。内部审计可监督以下事项:

第一,确认是否存在合同备案管理制度,检查其有效性和完整性。

第二,监督合同备案程序的符合性,包括备案时间、备案部门、备案资料等。

第三,确保备案资料的完整性和准确性,核实各项合同信息是否齐全。

（2）合同履行监督

合同履行的监督目的是确保合同按照约定条件和标准执行。内部审计可监督以下事项：

第一，监督财务部门对经济合同的履行情况进行审核和督促。

第二，确保支出类合同的支付符合合同条款，合同付款经过财务部门的审核。

第三，监督收入类合同的款项按期到账，财务部门及时督促对方履行合同。

第四，检查和追踪已到期但未收到的合同应收款项，及时催收或采取法律手段追讨。

（三）构建具有实质性独立的高校内部审计框架

第一，高校应设立专门的内部审计机构，独立于其他部门，直接受高校党委授权和领导。这样可以确保内部审计的独立性和专业性，避免利益冲突和高层干预。

第二，设立内部审计委员会。高校可以设立内部审计委员会，由高校党委直接授权和领导。此委员会应由专业人士组成，负责制订内部审计方向、政策和程序，确保审计工作的公正性和专业性。

第三，授予审计权力。高校应授权内部审计机构具有实质性的审计权力，包括进入各个部门、查询和获取相关信息的权力。同时，高校应支持内审机构的意见和建议，督促部门整改落实。

第四，配备专业人员。高校内部审计机构应配备具备相关专业知识和技能的专业人员，包括审计师和专业人员。他们应接受专业培训和持续教育，以保持专业水平。

第五，强化内外部合作。内部审计机构应与高校纪检监察机构、财务管理部门等部门进行密切合作，形成协同监督合力。通过合作，增强对高校管理和使用财务资源的监督效果。

（四）常态化推进实施高校内部审计队伍建设

内部审计在高校管理中扮演着重要的角色，确保高校的财务和管理工作的合规性和有效性。要实现内部审计的有效推进和持续发展，一支具备专业素养和能力的审计队伍是不可或缺的要素。因此,高校需要常态化推进内部审计队伍建设,致力于招聘、培养一支实力强大、职业素养高尚的审计团队。

第一,转变观念,重视审计工作。高校应认识到内部审计工作对于高校管理的重要性,加强对审计工作的重视和理解,将其作为高校管理体系的重要组成部分。

第二,培养与引进专业人才。高校应通过招聘、培训和引进等方式,吸引和培养具备审计专业知识、技能和经验的人才。注重复合型人才的培养,使他们既熟悉传统审计理论,又掌握计算机审计技术和信息系统知识。

第三,组织人员培训与进修。定期组织审计人员参加专业培训和进修班,提升审计技能和知识水平。同时,积极开展内部审计人员与外部专家进行经验交流、学术研讨等活动,拓宽审计视野。

第四,提高审计人员职业道德与素质。加强内部审计人员的职业道德教育,培养他们的责任感、诚信意识和保密意识。注重全面素质的提升,包括团队合作能力、沟通协调能力、问题解决能力等。

第五,强化职称评聘与职业资格认证。高校鼓励内部审计人员参加职称评聘和全国性职业资格考试,给予适当的政策支持。这有助于激励内部审计人员提高专业素养和职业能力。

(五)创新高校内部审计监督工作方法和手段

创新内部审计工作方法和手段,充分利用科技的力量,对高校内部审计工作的效率和质量有着重要的推动作用。

第一,可以利用数据分析技术,将大量数据进行整合、分析和挖掘。通过数据分析,审计人员可以发现异常模式和潜在风险,快速识别与高校治理相关的问题和挑战。

第二,增强自动化审计工具应用。引入自动化审计工具和系统,提高审计效率和准确性。例如,利用审计软件和系统来辅助进行数据抽取、数据比对、统计分析等工作,减少手工操作和人为错误。

第三,加强数字化审计管理。采用数字化审计工具和平台,实现审计过程和审计文件的数字化管理。数字化审计管理可以提高审计工作的跟踪性、协同性和存档管理效率。

第四,强调风险导向审计。通过风险评估和监测机制,将焦点放在有潜在影响的领域,提供有针对性的审计意见和报告。

第五,利用人工智能技术。引入人工智能技术,如机器学习和自然语言处理,加强对大规模信息的分析和处理。这些技术可以帮助审计人员快速获取和理解大量文本信息,发现指导审计工作的关键信息。

第六,强化内外部合作。与外部审计专业机构、高校内部其他职能部门建立合作关系,共享资源和经验。外部审计专业机构具有独立性和客观性,与其合作可以增强审计的有效性和可信度。

(六)以高校治理为框架改革内部审计制度

高校内部审计制度的构建需要与高校治理结构相适应,确保在整个治理体系中形成有序和协调的运行。

首先,在高校治理风险方面,可以建立战略审计和政策贯彻落实的跟踪审计制度。这些审计制度旨在评估高校的治理模式和目标达成情况,确保高校决策能够有效地承担起战略职责,并审查政策执行情况。

其次,在业务风险方面,可以建立内部控制审计和专项审计调查制度。内部控制审计旨在评估高校的业务流程和风险防范措施,确保各项业务活动符合规章制度和法律法规要求。专项审计调查则针对特定业务领域或事件开展审计,发现潜在问题并进行深入调查。

最后,在财务风险和经营风险方面,可以建立预算执行审计、经济责任审计和绩效审计制度。预算执行审计旨在评估高校预算的合理性和执行情况,经济责任审计则关注高校经费使用和管理过程,绩效审计则评估高校绩效目标的制订和实现情况。

(七)落实高校审计整改加强内部审计结果的运用

内部审计部门应与被审计单位共同制订整改方案,跟踪和评估整改的效果。监督检查应定期进行,确保整改措施得到有效执行,及时对整改情况进行反馈和汇报。

为了进一步推动内部审计结果的运用,可以将审计结果纳入高校内部单位和部门的考核标准。这意味着在干部任免、升迁和奖惩等方面,会重视内部审计的结果和整改情况。这种做法可以明确主体责任,避免责任的互相推诿,从而提高整改的效果。

科学运用内部审计结果还有助于优化高校治理能力。审计结果可以揭示高校治理中存在的问题和不足,为高校提供改进的方向和重点。领导层可以依据审计结果进行决策,及时纠正问题,进一步完善治理机制和规章制度。

参考文献

[1] 李强作．高校管理审计应用研究 [M].长春：吉林大学出版社，2023.

[2] 李华丽．大数据背景下内部审计创新研究 [M].北京：中国纺织出版社，2021.

[3] 宋大龙．新形势下高校财务管理与审计监督 [M].长春：吉林人民出版社，2021.

[4] 乔春华．高校财务治理研究 [M].南京：东南大学出版社，2021.

[5] 欧兵．内部审计与高校治理 [M].成都：西南财经大学出版社，2020.

[6] 张书玲，肖顺松，冯燕梁．现代财务管理与审计 [M].天津：天津科学技术出版社，2020.

[7] 孙杰．高校财务管理创新理念与关键问题探索 [M].长春：吉林大学出版社，2018.

[8] 徐峰．现代高校财务管理的实施与监督 [M].长春：东北师范大学出版社，2018.

[9] 邵积荣．高校经济活动内部控制研究 [M].广州：羊城晚报出版社，2017.

[10] 李莉．高校内部审计思考理论与实践研究 [M].长春：吉林大学出版社，2017.

[11] 陈静然．内部审计案例教程 [M].西安：西安电子科技大学出版社，2017.

[12] 秦荣生．现代内部审计 [M].上海：立信会计出版社，2017.

[13] 张建平．内部审计学 [M].沈阳：东北财经大学出版社，2017.

[14] 时现．内部审计学 [M].北京：中国时代经济出版社，2017.

[15] 王李．内部审计学概论 [M].沈阳：辽宁科学技术出版社，2017.

[16] 郑石桥.绩效审计方法 [M].沈阳：东北财经大学出版社,2017.

[17] 李长山.现阶段我国高校财务管理的若干问题研究 [M].北京：北京理工大学出版社,2017

[18] 乔春华.高校管理审计研究 [M].南京：东南大学出版社,2016.

[19] 朱锦余.审计 第 4 版 [M].沈阳：东北财经大学出版社,2015.

[20] 鲍国明,刘力云.现代内部审计 [M].北京：中国时代经济出版社,2014.

[21] 刘文华.地方高校财务内部控制与财务绩效管理研究 [M].长沙：中南大学出版社,2011.

[22] 张彦.内部审计 [M].上海：上海财经大学出版社,2003.

[23] 秦荣生.内部审计 [M].北京：中国财政经济出版社,2000.

[24] 戚诗铭.预算执行审计和政府财务报告审计的协同研究 [D].广州：广东财经大学,2022.

[25] 杨军.高等职业院校预算执行审计研究 [D].重庆：西南政法大学,2022.

[26] 张栎桦.C 区预算执行审计案例研究 [D].北京：中国财政科学研究院,2020.

[27] 张力元.高校内部控制审计评价关键指标研究 [D].西安：西安外国语大学,2019.

[28] 陶岩.高校财务预算执行与决算审计评价指标体系研究 [D].北京：首都经济贸易大学,2017.

[29] 阎贞铮.高校内部审计研究 [D].重庆：西南财经大学,2011.

[30] 李大鲲.绩效审计在高校审计中的应用分析 [J].理财,2023（08）：72-74.

[31] 冯杰.经济新常态下高校绩效审计的必然性及内容体系的探讨 [J].天津职业大学学报,2023,32（02）：24-28.

[32] 张莉莉.高校内部经济责任审计风险防控研究 [J].辽宁工业大学学报(社会科学版),2023,25（04）：53-55.

[33] 华径.高校经济责任审计信息化建设及保障探究 [J].商业会计,2023（13）：75-78.

[34] 张天萌,孙拥军.新阶段下高校经济责任审计监督效能提升路径研究 [J].河北企业,2023（06）：94-96.

[35] 张维超.高校领导干部经济责任审计评价体系构建研究——基

于学生资助政策落实情况维度 [J]. 财经界,2023（01）: 171–173.

[36] 万琼,钟希余. 基于高校工程项目建设风险视角的内审研究 [J]. 中国内部审计,2022（06）: 30–34.

[37] 郑清,孟锦,李增武,等. 教育新基建与智能建造背景下高校工程审计智能化建设探析 [J]. 教育财会研究,2022,33（02）: 78–85.

[38] 雷巧萍,占友林,陈云倩. 新时期高校预算执行审计重点与难点 [J]. 现代审计与会计,2021（08）: 7–9.

[39] 韩正民. 新时代高校内部审计职责和职能探究 [J]. 营销界, 2021（26）: 187–188.

[40] 钱歆妍. 基于智慧校园的某高校工程审计信息化建设案例研究 [J]. 工程技术研究,2021,6（21）: 255–256.

[41] 范晔,王玉莲. 高校审计数字化信息平台的构建与实施 [J]. 中国内部审计,2020（12）: 41–44.

[42] 索宁. 高校工程审计存在风险及防范应对 [J]. 中国乡镇企业会计,2021（03）: 146–147.

[43] 王仪. 高校"数字内审"的发展趋势及模型构建研究 [J]. 商业会计,2020（22）: 67–69.

[44] 陈红娟. 高校预算执行与决算审计现状及对策研究 [J]. 财会学习,2018（25）: 152.

[45] 刘瑾. 风险防控视角下高校财务收支审计研究 [J]. 财政监督, 2018（03）: 95–99.

[46] 李亚镯. 高校内部审计信息化管理体系构建分析 [J]. 会计师, 2018（14）: 53–54.

[47] 王春园. 风险导向模式下高校内部控制审计与评价体系构建 [J]. 经济研究导刊,2018（09）: 111–113+160.

[48] 余灿,夏午宁. 信息化环境下高校内部审计质量管理问题研究 [J]. 金陵科技学院学报(社会科学版),2014,28（01）: 54–57.